Georg Brunold
Afrikanische Reporterspur

Georg Brunold

Afrikanische Reporterspur

Verlag Neue Zürcher Zeitung

Umschlagfoto: A. Perigot/Explorer

ISBN 3 85823 563 6

Inhalt

Empfang

Die Finger des Concierge arbeiten sich in einem gewichtigen Stapel Telex-Fetzen allmählich vorwärts. Den Rändern ist anzusehen, dass er es nicht zum erstenmal tut und mit diesem Gedruckten nicht als der einzige zu schaffen hat. Da und dort suchen mit Bleistift hingeworfene Anmerkungen von den Botschaften aus allen Ländern und allen Zeiten festzuhalten, was sich in dem gräulichen Papier zu versickern anschickt. Ich hatte sechs Wochen zuvor in dem Kairoer Hotel der gehobenen Mittelklasse ein Zimmer reserviert und – Wunder über Wunder - eine Bestätigung erhalten. Instinktsicher hatte ich sie zu Hause vergessen. Den Namen auf meiner Karte hat der Concierge durch die dunklen Flaschenböden in seinem Brillengestell zweifellos einwandfrei entziffert. Seine feisten Finger, genetzt an der grossen Zunge, arbeiten weiter.

Mein Blick wandert nach links, hinüber zum Fahrstuhl. Er wartet, gut hundertjährig, wie er da steht, auf den nächsten Einsatz, das Schiebegitter zur Zeite gezogen, an der rechten Wand die Handwalze. Mehrmals seit meinem letzten Besuch vor zweieinhalb Jahren haben mich bange Fragen heimgesucht nach der Zukunft dieser Bedienungstrommel mit der Kurbel aus Mahagoni und der erblindeten Messingeinfassung. Der Taxifahrer, der unter den Hoteliers seine eigenen Geschäftspartner hat, war die ganze Strecke vom Flughafen hierher nicht davon abzubringen, dass der rutschende Altbau seit über einem Jahr gar nicht mehr stünde. «Wie dem auch sei, mein Herr», bricht der Concierge sein konzentriertes Schweigen und seufzt. Er schiebt den Stapel zur Seite: «Ihr Telex lässt sich nicht finden, doch seien Sie unbesorgt und willkommen.» Er greift einen Schlüssel vom Brett: «Mohammed! Die Tasche des Herrn! Vierte Etage! Wenn Ihnen das recht ist, letztes Mal waren Sie in Zimmer 36, ich gebe Ihnen dasselbe.»

Am Abend treffe ich meinen alten Freund Abrahim, der selber eine kleine Pension führt. Ich preise die ägyptische Zuverlässigkeit bei der Buchung von Hotelzimmern. Ein Lächeln ägyptischer Bescheidenheit spielt in seinen Mundwinkeln. Jedesmal, wenn ich mich länger nicht blicken liess, wartete er mit ein paar Müsterchen seiner heimtückischen Höflichkeit auf. «Monsieur, Sie sind wirklich an der ganz falschen Adresse!» hatte mir kurze Zeit zuvor Madame B. in Tanger die Tür gewiesen. Energisch, wie sie dies sagte, musste das zweifellos schon voriges Mal so gewesen sein, oder wenigstens mussten damals, vor drei Jahren, meine marokkanischen Besucher das Haus verwechselt haben. Abrahim hatte ich von diesem Zwischenfall nichts gesagt. Was hätte er jetzt auf Lager? Zu dieser hinterhältigen Angelegenheit namens Gedächtnis? «Das liegt ganz nur an Ihnen», wägt er seine Worte genüsslich, «an Sie, Mister Schursch, an Sie erinnert sich jeder.»

Kairo, November 1990

Myriaden von Dörfern

Ab morgen dürfe er Tag für Tag den Ruf der Muezzine zum Fajr, zum Frühgebet, verschlafen. Doch jetzt ein bisschen Selbstbeherrschung, mahne ich meinen müden Gast aus dem Norden, der soeben, nachts um drei, eingetroffen ist. Dieses eine erste Mal hielte er das kleine Weilchen schon durch. Schliesslich ist das die angenehmste Zeit, frische 26 Grad Celsius hier oben auf der Dachterrasse, 40 Meter über den Strassen, wenn der Blick den freiesten Auslauf durch den Wüstenhimmel hat, der sich tags oft so übersatt auf die Strassen lagert, kompakt zum Greifen, jetzt aber sich beinahe in nichts auflöst, glasklar, nur ein ätherischer Hauch seines ins Unmerkliche ausgeblichenen Ockergelbstichs. Die Finsternis, die taktvoll ihren Schleier über die Stadt und ihre Auswüchse zieht, muss aus der Tiefe des Erdinneren heraufgestiegen sein.

Nein, da gehe er ganz fehl, mein Gast, gebaut würde da nicht, an dem Block gegenüber, im Gegenteil. Alter allein reicht nicht, es muss eine agressivere Karies sein, die an der Skyline von Kairos Business-City Qasr an-Nil frisst. Undeutlich auszumachen, schieben sich Schuttzüge hinab über die gestuften Dächer der unabsehbar verschachtelten Aufbauten, stauen sich über dem ursprünglichen Dachstock zu kleinen Hügeln, da und dort versickernd hinter den bröckelnden Ballustraden. Wie Spangen halten überdimensionierte Stahlgerüste, furcherregend windschief, verkrümmt unter dem eigenen Gewicht, die Immobilienkolosse in ihrer durchbrochenen Krone zusammen. Es sind die Träger der Leuchtschriften von Coca Cola und Saudi Airlines, die uns ihre Hinteransichten darbieten, um jenseits ihre schreienden Farben auf den Nil zu schütten.

Bitte? Ob ich denn nicht gehört hätte?! Da habe doch eben einer geschrien. Noch einer, da drüben. Ja was wohl – natürlich meine er - da schon wieder, ob ich ihn jetzt noch immer nicht hörte, den Hahn?! Tatsächlich, das Gekräh ist mir seit Monaten nicht mehr ins Bewusstsein gedrungen. Beinahe wäre es mir entfallen: Wir sind hier auf dem Dorf.

In keinem Winkel dieser Stadt sucht man länger als zehn Minuten nach Schafen und Ziegen. Das Dorf hat natürlich immer mitgehen müssen, all die Jahre, seit ganz Ägypten nach Kairo zusammenzuziehen begann. Wo hätte es sonst bleiben sollen? Tags liegt etwas vom Mist in den Duftwolken um die Müllfuder der Eseldreispänner; und jetzt, kurz nach dem ersten Gebet in Kairos Tausenden von Moscheen, zeigen sich die Unregelmässigkeiten überall zwischen den Zinnen ganz im Licht des treffenden Wortes: Dachlandschaft. Die Umgebung hier oben ist erwacht, ein metropolitanes Dorfleben in bunten Farben. Zwischen Wäscheleinen bewachen die Gänse die Kinder.

Gut beschuht haben wir uns nach unten gemacht, den staubigen Weg zu Fuss zu finden – und alleine. Denn Kairos Verkehr befördert den kollektiven Geist, der ihn lenkt, in Trance. Und – vom Genie der Taxifahrer abgesehen – der Kairiner ist nicht in jedem Falle der beste Fremdenführer. Er ist zu eingeweiht, hat sich nie bewusst gemacht, dass er die ganze Geschichte seiner Stadt – und mit ihr die eigene Identität – von den beredten Fassaden lesen könnte. Zudem lebt er auf dem Dorf auch unten in den Strassenschluchten; seine Ausflüge führen ihn bloss die weiten Verästelungen seiner Familie und seiner Freundschaften entlang und im besseren Fall zu seinen drei Jobs, dagegen nicht mehr die zwei Kilometer hinüber ins alte Kairo, zur Azhar, auch wenn sein Sohn alle Tage in der 1000jährigen Universität zur Vorlesung geht. Der alte Onkel Ayad, der die Wohnung sauber macht, kann sie an klaren Tagen vom Dach aus sehen, aber nein, er war in seinem Leben noch nie dort, bei den Pyramiden. Das Geviert seiner acht Blöcke verlässt er nicht ohne praktische Gründe. Da aber, wie jeder, kennt er jeden, persönlich, von den Pförtnern über den Kurzwarenhändler, den Bäkker, den Schneider, den Barbier, den Wirt des Kaffeehauses, den Bettler bis zum Herrn Lehrer und dem Pascha, der drei der acht Blöcke besitzt.

So war es immer, und noch ist genug davon übrig, um dem Bild vom Dorf Tiefenschärfe zu geben. Es zeigt die segmentäre Tradition dieser urbanen Gesellschaft, die Vollständigkeit ihrer Einheiten, deren jede von ganz unten bis oben alles umfasst; es zeigt das tribale Urgestein dieses Bollwerks gegen die verständigungszerstörende Entmischung. Dorf ist, wo die Kommunikation das Leben regelt, und was Kairo betrifft, so handelt es sich freilich nicht um ein Dorf, sondern um Myriaden davon, weit mehr als tausendundeines.

Wie auf dem Dorf grüsst in Kairo jedermann auch meinen Gast. Morgens plaudert er mit dem Zeitungsverkäufer und abends mit den drei Nachbarn der Etage. Yussef Chahine, der Fellini des arabischen Films, hat recht als er uns anschnaubt: Es sei nicht zwingend, dass Europäer so furchtbar wenig wüssten über die anderen, dass wir Europäer uns so furchtbar wenig kümmerten – und dies nicht nur um die «Unterentwickelten», wir aus dem Westen mit unseren Rambos, wir «Unterzivilisierten». Mein Gast ist betroffen. Im übrigen hat er keinen von Chahines wunderbaren Filmen gesehen, weder 1973 in Cannes den «Sperling», noch 1979 auf der Berlinale «Alexandria – warum?», noch «Adieu Bonaparte».

Vielleicht weiss Yussef Chahine, Spezialist des Sehens nach 40 Jahren im Metier, wo man sich aufzustellen hat, um Kairo anzuschauen. Vielleicht setzt man sich, frage ich ihn, ebensogut in Kuwait oder in Casablanca vor den Fernseher, wo Kairo, Produzent von über 90 Prozent aller arabischen Filme, in täglichen Selbstportraits aus der Röhre plätschert? Nein, versichert Chahine, heute entscheidet die auswärtige Nachfrage darüber, welche Bilder Kairo von sich selbst malt. Die bigotten Ölprinzen vom Golf haben den Produzenten und den Zensor gekauft. So darf man jetzt in Kairoer Filmen kein Paar mehr allein bei geschlossener Zimmertür Tee trinken lassen – man hat jetzt die eigene Stadt in den Motion-Pictures auszusparen. Sehen wir uns also selber weiter am Ort um!

Es darf nunmehr gesagt werden, Kairo – arabisch: Misr al-Qahira - ist eine Stadt, so sagt es schon in ihrem Namen das Hauptwort: Misr - grosse Stadt. So heisst Kairo in Kairo. Nur jenseits der arabischen Grenzen hat man sich an ihr Attribut gehalten, das man hier kaum je zu hören bekommt – al-Qahira: die Siegreiche. Misr – in ägyptischer Mundart Masr – ist zugleich der arabische Name Ägyptens, des ganzen Landes. Doch jeder Masri, der in die Hauptstadt fährt, sei es ein Fischer aus Alexandrien oder ein Sa'idi, ein Fellache Oberägyptens, verlangt am Bahnschalter einer Karte nach Masr. Masr – die «Mutter der Städte» – ist freilich nicht nur die Hauptstadt Masrs – der «Mutter der Welt», wie Ägypten seit 4000 Jahren genannt wird. Ich weise meinen Gast darauf hin, dass er sich einiges einzuprägen habe, wenn er begreifen will, wo er hier hingeraten ist. Es handelt sich nicht nur um die kulturelle und politische Hauptstadt der arabischen Welt, sondern auch um die geistliche Kapitale der gegen 900 Millionen zählenden Weltgemeinschaft aller Muslime, des Dar al-Islam. Ausserdem sind wir in der grössten Stadt Afrikas, die zu den grössten der Erde zählt; kein Wunder sind wir hier doch in der Zentrale der westlichen Einflüsse im Mittleren Osten.

Doch noch im aseptischen Hilton-Hotel lässt der Staub den ungeheuren Druck der Wüste spüren. Allem voran ist mein Gast in der Wüste. Dem Nil aber, der sich kraft Gottes Macht durch grosse leere Weiten geschoben hat, dem Nil aber sieht man hier an, wie sein Ziel über seinen ruhigen, doch festen Lauf

Gewalt erlangt, sein Ziel, wo er seine äquatorialen Wasser ihrer mediterranen Bestimmung überlässt. Ägypten ist ein Mittelmeerland. Sehen Sie dort, links hinter dem türkischen Minarett, die römische Kirche der Franziskaner? Ausser der koptischen gibt es in Kairo christliche Kirchen mindestens zwanzig wohlunterschiedener Konfessionen und Riten in mindestens einem Dutzend Sprachen. Stadt ist, wo das Verschiedene untereinandergerät, sich zusammenrauft, wo deshalb Kultur entsteht und sich fortentwickelt.

Drüben in Abdin, Ecke an Ecke mit dem Palast der Republik, versichert auch Yussef Sabri Abu Taleb, Kairos Gouverneur, meinem Gast, dass er ein Erbe zu verwalten habe, das der ganzen Welt gehöre. Er könnte dabei zurückblicken auf eine reiche Erfahrung der Nation mit unterschiedlichsten Administrationen, die während 2600 Jahren ununterbrochener Fremdherrschaft die «Mutter der Welt» je in ihrem eigenen Sinne nacherziehen wollten: Äthiopier, Assyrer, Perser, Griechen, Römer, Byzantiner, der Reihe nach Araber aus Mekka, Damaskus, Bagdad, Maghrebiner aus dem tunesischen Kairouan, Saladins Kurden, türkische Mamelucken, Napoleon, albanische Söldner unter der Hohen Pforte Istanbuls und zu guter Letzt die Beherrscher der Meere aus dem Vereinigten Königreich. Historische Sehenswürdigkeiten gibt es hier ganz hoffnungslos zuviele.

Fast etwas eingeschüchtert zieht sich mein Gast in die Gegenwart zurück. Es ist ihm zu Ohren gekommen – ob als Klage, als schlichte Feststellung oder als Seufzer der Erleichterung –, dass man hier unten zur Zeit sehr wenig von Politik halte. Unsinn, wir hatten ja schon gehört, dass Kairo, dieses Ungetüm, anderes zu tun hat, als sich auswärtig in den Schlagzeilen bemerkbar zu machen: Abdelaziz Doheia, der stellvertretende Planungsminister hat uns ja schon gesagt, dass 40 Prozent des Budgets in Infrastruktur und öffentliche Versorgung gehen. Und bei ihm draussen in Nasser-City, der geplanten Stadt am

Rande von Abbasiya, haben wir auch gesehen, wo die Politik von einst hingekommen ist. Die Armee, seit sie Frieden hat, konzentriert sich da am langen Feierabend aufs Schönerwohnen, in den zivilen Mietskasernen jener besseren Klasse, die untermalt, wer nichtsdestoweniger hier weiterhin herrscht. In arabischen Ländern ist das, wo auch immer, zu welcher Zeit auch immer, die Armee. In Zeiten eines vertrauenswürdigen Friedens mutiert sie zur Bürokratie. Die Fettsucht dieser Brut jedes Zentralismus ist in Kairo allerdings sprichwörtlich. Aber ihre jüngste Anreicherung mit zivilisierten Militärs, mit technischen Gemütern also, hat zweifellos das eine für sich, dass sie mit reichlicher Verspätung die Politik doch endlich mit Sachfragen vertraut gemacht hat.

«Fragen Sie den Gouverneur aber bitte nicht nach dem Müll!» habe ich meinen Gast ermahnt, «ich bin überzeugt, er liebt es nicht, wenn wir ihn dauernd dasselbe fragen.» Was wir Müll nennen, das bleibt hier erst einmal ein bisschen liegen, um siebenmal gründlich verlesen zu werden. Und überdies: Zu 95 Prozent ist das Land Wüste. Kann da Müll ein Problem sein? Der Gouverneur, der im letzten Krieg eine der Sinai-Armeen kommandierte, hat auch heute nicht nach Belieben Zeit. Seine Stadt mit einer väterlichen Handbewegung unter einen Halbkreis fassend, setzt er an zu seiner Bilanz über die letzten fünf Jahre: Fast 11000 Kilometer Leitungen sind in die Erde gelegt worden, Telefon, Strom, Gas, Wasser, Abwasser. Flogen zuvor Investoren zum Telefonieren ins Ausland, ist nun die Kapazität des Netzes verdoppelt, ebenso die Leistung der Stromversorgung und der Kanalisation. «Gott sei Dank», sagt der Gouverneur im Rückblick auf diese Tiefbauära, «Gott sei Dank hat das Leben nicht stillgestanden.» Denn zur selben Zeit hatte man, um die täglichen sechs bis sieben Millionen Passagiere des öffentlichen Verkehrs in den endzeitlichen Blechlawinen voranzubringen, umzuleiten. Jetzt ziehen sich 36 Hochstrassenstücke über Betonpfeiler die Fenster des dritten und vierten Stockwerks entlang.

In dem Inferno darunter hat mein Gast unweigerlich zu ihnen hochstaunen müssen, nachdem ihm oben auf der Strasse gar nichts so Besonderes aufgefallen war. «Gott sei Dank», bemerke ich, «Gott sei Dank ist während dem allem der mittlere Anspruch auf Lebensqualität nicht gewachsen.» Die Gewerbler und Händler beidseits der zwölf Spuren vom Ataba zum Hussein wüssten nicht, wohin sie sich aus ihrer jahrhundertelang belebtesten Strasse vertreiben lassen könnten. Und jener Fremde, der sich einmal drei Viertelstunden lang 200 Meter im Verkehrsstau durch einen Gemüsemarkt von Zayyida Zainab gewühlt hat, dem haben die Abgase der Autos definitiv jede Angst vor Amöben ausgetrieben.

In Qasr an-Nil, in Azbakiyya und in Bulaq glaubten die Leute bis letzten September immerhin zu wissen, wofür sie die letzten Jahre so sehr unter den Pannen in der Strom- und Wasserversorgung gelitten hatten: Es wurde die erste U-Bahn Afrikas gebaut, gegraben, und in der Kairoer Tagespresse hiess das: «die unterirdischen Pyramiden von Gizeh». Man versteht, dass die Stationen «Sadat», «Nasser» und «Mubarak» nun so saubergehalten werden wie die heiligste Moschee. Die Zeitung «Al-Gumhuriyya» hat sich in Gedichtform dafür verbürgt, dass mit der Jungfernfahrt durch diese paradiesische Unterwelt «der Unstern über Ägypten erloschen» und in Ägyptens Wörterbüchern ohnehin «kein Wort für Fehlschlag zu finden» sei. Seitdem mag sich keiner mehr melden aus dem hämischen Chor jener, die prophezeiten, ab der zweiten Woche spätestens würde da unten sich alles im Dunkeln abspielen.

Mohammed Maher Abaza, Minister für Elektrizität und Energie, sieht von seinem Schreibtisch aus, dass das Licht nicht nur bei ihm brennt. Sein gesamtstädtisches Computer-Kontrollsystem bringt ihm jeden Kabelriss auf den Monitor. Einen Augenblick fürchte ich in diesem Büro, wo Kairo wieder einmal äusserst grossräumig ist, mein Gast könnte das Hirn mit dem Organismus verwechseln. Zur Kur bringe ich ihn in das

Amt für die Wasserversorgung Gross-Kairos. Das ganze Gebäude hat Stromausfall. Zu Fuss geht es hoch zur obersten Etage des Chefs, der einen Empfang zugesagt hat. Er ist aber in Ausübung seines Berufs steckengeblieben, irgendwo in der Stadt. Nicht in einem Lift, hofft mein Gast. Es will ihm nämlich nicht aus dem Kopf, was da bei mir zu Hause im Fahrstuhl des Wohnblocks auf der goldenen Plackette an technischen Daten alles eingraviert stand: «4 Kilogramm = 300 Personen».

In der Dokumentationsabteilung des Staatsinformationsdienstes verwirft Madame Riyad, gefragt nach Material, in dem sich etwas zur Wasserversorgung finden liesse, die Hände: «Was soll mit unserem Wasser nicht recht sein?! Warum trinken Sie Ihren Tee nicht?! Haben Sie Angst?!» Das Gespräch zieht sich hin, bis ich mit der Frage durchdringe, ob es keine Probleme stelle, das Wasser zu 13 oder 15 Millionen Leuten hinzuführen. «Nein, das fliesst automatisch. Und dann haben wir Pumpen, elektrisch betriebene.» Ob mein Gast inzwischen eine flüchtige Ahnung hat von hiesigen Bedingungen? Die sind schwierig, das sagen alle, auch er. Einzig die Schwierigkeiten können die beispielhaften Leistungen der Bürger Kairos ins Licht rücken. Trotz allem nämlich, versichere ich meinem Gast, haben höchstwahrscheinlich diejenigen recht, die sagen, es sei in diesen technischen Dingen vieles merklich besser geworden. Mich selbst wenigstens dünkte vor drei, vier Jahren, als ich länger hier war, manches weit schlimmer. Und ich glaube nicht, nur eigene Gewöhnung liess mein Urteil besser ausfallen. Es ist besser geworden.

«Du hast mir das Leben gerettet, lindere es jetzt!» heisst es in Becketts «Murphy». Der so Aufgeforderte lehnt ab in der Befürchtung, «dass das Syndrom Leben zu diffus ist, um eine Linderung zu erlauben.» In Kairo lässt sich eine definitive Antwort nicht abwarten auf die Frage, ob die Menschen die Lösungen besser überstehen können als die Probleme. «Habe ich wirklich irgendwann »Inferno« gesagt?» frage ich meinen Gast ungläubig. «Ganz falsch! Ein Inferno ist dadurch definiert, dass dort die Insassen dazu verdammt sind, unaufhörlich ihr Schicksal zu verfluchen!» Das tun in Kairo ganz wenige.

Sicher, sie haben sich dazu durchgerungen zu klagen. 1942/43, 1948, 1956, 1967, 1973 war Krieg im Land. Insgesamt hat man sehr, sehr viel einstecken müssen. Und fast jeder, der nicht aus einem Sprachrohr des Staates spricht, bestätigt mittlerweile: Auch in Camp David hat man verloren. Verloren hat zumindest ein längere Zeit über viel beschworenes Phantom: die arabische Einheit, der panarabische Nationalismus. Und weil es in Masr zu einfach geworden ist, die Gründe für die Niederlage ausschliesslich beim Sieger zu suchen, hat sich auch der Verlierer unter die Lupe zu bequemen. Hat nicht dieses sogenannte arabische Lager seine einzige ruhmreiche Waffe, das Öl, im Effekt gegen sich selbst gerichtet? Sind nicht drei Viertel ihrer Beute im Westen investiert, so fern wie möglich von den eigenen Armenhäusern? Wenn vom Panarabismus etwas übrig ist, ausser den Liedern von Umm Kulthum, ist es dann nicht einzig jenes metastasierende Geschwür des Superreichtums, Kashoggi und die «Arab Contractors», jener Reigen von Dollarmilliardären, die sich von Kuweit bis Casablanca die öligen Händchen halten?

Die Ägypter haben alles getan für die Sache der arabischen Nation, alles, ausser den eigenen Haushalt in Ordnung zu halten. Nun sind sie es satt, für andere bankrott zu gehen, für andere zu hungern, in den Krieg zu gehen, zu sterben und das alles alleine. Mancher Syrer, Libanese, Jordanier – von den Palästinensern zu schweigen – findet den Masri ja so wehleidig, zudem geradezu servil. Der Masri, der die Hauptlast der Kriege gegen Israel getragen hat und dies weiss, hat sich unterdessen, nach 40 Jahren Kriegswirtschaft, auf einen anderen Aspekt seiner «natürlichen Führungsrolle» besonnen: dass sie nämlich allein ihm erlaubt, sich, wenn es denn sein muss, gegen sämtliche seiner Brüder zu stellen. Leben nicht gegen zehn Prozent aller 21 arabischen Nationen – zehn Prozent dieser 150 Millionen – in

Masr, in Kairo? «Was sagen Sie ... ach! die Liiibyer ... dreieinhalb Millionen? So viele haben wir hier allein hinter dem Bahnhof, in Shobra.»

All die Jahre seit dem Auszug der Arabischen Liga wurde natürlich an ihrem Stammsitz hier in Kairo die Arbeit weiter erledigt, von 500 Mann, die in Unterorganisationen sogar die in Tunis residierenden Offiziellen entlasteten. Man ist ja nicht so. Masr: Ägypten, das ist ein Drittel der arabischen Welt, und über deren Strategiefragen entscheidet hier in Kairo der Präsident von Ägypten. «Sehen Sie nicht, von der Westsahara über den Sudan und Gaza bis zum Golf? Wir haben jetzt die Pax Americana! So sieht die nämlich aus.» Mein Gast verschluckt sich am Whiskey, den ihm der philosophierende Barkeeper - tagsüber ein Chemielehrer – hingestellt hat.

Masrs Wirtschaft findet trotz Frieden keine Erholung. Die öffentliche Auslandschuld ist seit Jahren so hoch wie das Bruttosozialprodukt. Die Inflation pendelt um 35 Prozent. Ägypten mit seinen insgesamt lediglich 36'000 Quadratkilometern fruchtbaren Landes (3,5 Prozent der Gesamtfläche Ägyptens) muss täglich mit rund zehn Millionen Dollar gestützt werden, und für ungefähr diesen Betrag importiert das Land täglich Lebensmittel. Vier Millionen Arbeitsemigranten – diese gängige Schätzung mag hoch sein, doch bei einem niedrig angesetzten mittleren Familienumfang von sechs Mündern hiesse dies, dass die halbe Nation ihr Brot im Ausland verdient. Und Ägyptens Bevölkerung wächst, um über zweieinhalb Prozent jährlich, Kairo noch schneller. Masr ist gross, aber wirklich gross ist nur Gott!

Ihn kann man in Kairo nicht überhören. Wird er lauter? War Kairo schon früher immer lückenlos so laut beschallt, von den Minaretten herab und herauf? In dieser Frage erschwert Gewöhnung das Urteil. Sa'ad Eddin Ibrahim, der Soziologieprofessor, der für die amerikanische Universität den Islam auf dessen Militanz untersucht, fürchtet schon, dass die «Fanatischen»

– wie sie der Volksmund hier nennt – noch grössere Scherereien als bisher bereiten könnten. «Wir sind die Gruppe, die Sadat getötet hat», so bestätigt es meinem Gast, nicht weit von hier, in Assiut, ein Studentenführer – mitten in der Stadt, in einem grossen lärmigen Kaffeehaus, schreiend.

Seine Eminenz Gad al-Haq Gad al-Haq, der Grossscheich der Azhar, der 1000jährigen Hochschule, der höchsten geistlichen Instanz des sunnitischen Islam, winkt ab. Er, der früher Obermufti war, höchste religiöse Autorität im Land, er schafft mit fester Stimme Ordnung - «im Namen des allbarmherzigen Gottes»: «Der Ägypter kennt seine Religion sehr gut.» Und was diese ganz wenigen Extremisten betreffe, das seien Politische, die von Religion wenig kapiert hätten. Was immer sie wollen mögen, das Haupt der Azhar schickt sie auf den Instanzenweg. Der Islam nämlich, der Islam ist die Organisation des Islam. Er ist Sulta, Obrigkeit – fast genau wie der Staat. Der schweigende Mehrheitsägypter, das hat mein Gast jetzt schon mehrfach gehört, vertraut auf seine Sulta, denn sie hat die noch ältere Tradition als der Islam. Eine Gewissheit sieht man jedem Kairoer Intellektuellen an, sei es Professor Rif'at as-Sa'id von der linken «Progressiven Sammlung», sei es der Schriftsteller Sonallah Ibrahim, der als KP-Mitglied unter Nasser fünf Jahre im Gefängnis sass, sei es der koptische Literat Edwar al-Kharrat. Und in dem Punkt denken sie gleich wie die bürgerlichen Liberalen der Wafd-Partei: Der Islam ist Staatseigentum. Das gilt für die Azhar und auch für die Militanten, mittels deren Begünstigung Sadat seinen Feldzug gegen die weltliche Opposition jedwelcher Couleur und – ohne dessen innezuwerden – gegen sich selber geführt hatte.

Liberales weltliches Gedankengut kommt hier kaum auf, obwohl in der Presse und auf dem Buchmarkt die Triebe freier ausschlagen. Die Gefahren dämpft ein mindestens sechzigprozentiger Analphabetismus. Nicht so beim Fernsehen: Osamah Okashah, Drehbuchautor der «Nächte von Hilmiyya» – eine humorvollere Art ägyptisches Dallas – beklagt sich bitter über die Schere des Zensors. In den staatlichen Medien ist es unübersehbar der amtliche Islam, was auf dem Vormarsch ist.

Hatte es einst Nasser verstanden, die kulturelle Intelligenz für seinen diktierten Aufbau einzuspannen, überwarf sich der Pharao und Fellache Anwar as-Sadat vollends mit dem Geist – und ohne dem Vorgänger in Sachen Intoleranz nachzustehen. Sadats brachiale Kuren trafen weiss Gott nicht nur traditionelle Eliten, zerstörten nicht nur jedes Prestige der Bildung. Sie höhlten den Wert der Arbeit insgesamt aus, liessen nur dem Besitz und dem Geschäft eine Chance. Rund 30 Franken im Monat verdient der Polizist, der nachts draussen im Dienst über einem Müllhäufchen in einer Konservendose seinen Tee kocht. Das Gehalt des Hochschullehrers übersteigt knapp 100 Franken. In Marokko, bei vergleichbarem Bruttosozialprodukt pro Kopf, liegen die Löhne im öffentlichen Dienst fünf- bis achtmal höher. Wann sie hier in ein Verhältnis zu den Lebenshaltungskosten zurückkehren sollen, ist nicht abzusehen. «Die Rede war von Sadat und von Kultur», bremst mein Gast. Doch jeder Oberschüler weiss hier: Wer von beidem gleichzeitig sprechen will, der schweift von mindestens einem ab.

Mubarak hat seinem Land das Erbe beider versprochen, Nassers und Sadats, sowohl die Kontrolle des Zuckermarktes wie Coca-Cola, soziale Verantwortung ebenso wie freie Marktwirtschaft. Den Riss zwischen den Institutionen und der freien Intelligenz hat er nicht zu kitten vermocht. Wohl hat sich mein Gast auch die vorbildlich konzipierte «Akademie der Künste» mit ihren sieben Hochschulen von ihrem Präsidenten Ess-Eddin Ismail eingehend preisen lassen. Die Abgänger sollen im etablierten Kulturbetrieb auch unverzüglich zum Zug kommen. Doch enttäuscht hört er am Abend von seinen privaten Gastgebern, nein, avantgardistische Umtriebe seien von dieser Seite nicht zu fürchten. Der Chauvinismus der offiziellen Kulturkapitale, der Kairo so lange mit der ganzen arabischen Welt für identisch zu nehmen pflegte, ist heute ganz hohl, und das so robuste Führungsbewusstsein droht die Pioniere im Stich zu lassen. Undenkbares wird wahr, und man hört, dass sich heute die einen und anderen gerne aus der Levante oder gar aus dem Maghreb befruchten lassen. Eine Jungfrau war die «Mutter der Welt» schliesslich nie, was – an und für sich – auch niemand zu beunruhigen bräuchte.

Nagib Mahfuz, Doyen der ägyptischen Literatur und ihr Nobelpreisträger, verneint: Das Schicksal der jungen Hure Hamida - Hauptfigur seines Romans «Die Midaq-Gasse» von 1947 – wäre unter den heutigen Bedingungen nicht mehr möglich. Nicht weil die auswärtige Kundschaft hinausgeworfen wurde, sondern weil Hamida heute doch in eine vernünftige Schule ginge. Mahfuz findet auch sonst mit seinen 77 Jahren alles ziemlich normal, was läuft und wie es läuft. Gut Ding hat Weile, besonders politische Reife, meint Mahfuz. Masr, auch sie nicht die Jüngste, hat schon zuviel unter Ungeduld gelitten.

«Gott aber ist mit denen, die geduldig sind.» In al-Khalifa sind sie schon bei ihm, ganz ruhig, denn es erwartet sie hier, in der Totenstadt, nichts mehr. Dass auch tief im Inneren der Totenstadt viele Leute wohnen sollen, stimmt nicht. Die Stille ist sehr gross. Darum habe ich mich in diese Labyrinthe auch noch nie begleiten lassen. Meinen Gast habe ich ins Ministerium für Wohnungsbau geschickt. Es stimmt, da und dort sind angrenzende Viertel in die Friedhöfe hineingewuchert. Und auch fern in deren Innerem sind da und dort Familiengruften aufgestockt worden. Strassenbeleuchtung und Wasser wurden entlang den Hauptadern hineingezogen. Welch namenloses, unbegehbares Dunkel müsste sich über diese riesigen Nekropolen legen, wenn gar kein einziger Lebender da wäre?! In Kairo aber gebührt der Rang wahrer Majestät nur den Toten; ihre Autorität ist unantastbar, ihre Ruhe das höchste Gut. Macht das nicht ihre heiligen Städte zu Stätten des Lebens? Sie hüten das Wissen, dass Kairo nicht dank den Lebenden lebt und nicht dank den

Lebenden weiterleben wird. «Die Ewigkeit war die Erfindung Ägyptens», soll André Malraux gesagt haben. Dem wäre entgegenzuhalten, dass sie, diese Erfindung, eine andere voraussetzt oder zumindest eine Entdeckung: die Entdeckung der Zeit. Darauf mochte Ägypten seit Echnaton noch mehrere tausend Jahre warten. Flaubert – hin und wieder ein Schalk – beobachtete 1850 bei seiner Besteigung der Cheops-Pyramide hingerissen die frischen Gravuren seiner touristischen Vorgänger und hielt sie in seinem Tagebuch fest. Wann ist über Ägypten die Zeit hereingebrochen?

Es ist nicht weit aus der südlichen Totenstadt zur Zitadelle und ins Gässchen Darb al-Labana, zum Haus von Hassan Fathi. Es ist das städtische Haus Kairos, wie es seit langem stand und weitersteht, solange es instandgehalten wird. Es ist eines der schönsten Häuser der Welt. «Gestern bin ich aus dem Basar von Gamaliyya durch Bab Zuweila und Darb al-Ahmar hier heraufgestiegen», will ich Hassan Fathi von meinem traurigen Gang durch Kairos erschöpftes, schnell und arrhythmisch schlagendes Herz berichten. Er entschuldigt sich, noch ein zweites Mal, dass es ihm so schlecht gehe. Er könne fast gar nichts mehr verstehen von dem, was ich sage. Doch es freue ihn, mich zum Tee bei sich zu haben, ich solle mich mit dem Gesicht zum Fenster setzen, damit er mich sehe. Es ist einige Zeit her, seit er regelmässig seine Studenten durch die alten Viertel von Kairo geführt hatte. Hassan Fathi ist im Vorderen Orient der Architekt des Jahrhunderts. Sein Geburtsjahr ist 1900. 1926 war er zum erstenmal im Auftrag von Kairos Behörde für städtische Angelegenheiten tätig, und seitdem hat er über situationsgerechte Architektur nachgedacht und gelehrt. Sein Buch «Architecture for the Poor» ist heute ein Weltklassiker. Gemeinsam mit den Leuten am Ort, mit ihren Materialien und Techniken, hat er praktische Exempel gegeben. «Die moderne Welt hat nichts begriffen», schliesst er heute.

Der Präsident der Republik hatte Kairos städtischer Obrigkeit verordnet, im Wohnungsbau brauche sie den «economic approach». Dabei dachte niemand an den Hausbesitzer als Kleinunternehmer. Dessen gesetzlich eingefrorenes Mieteinkommen fiel ungebremst ins Symbolische, und sein Haus, seit Jahrzehnten ohne Unterhalt, vermehrte bald die Zahl jener berüchtigten Todeshäuser, wo der Sensenmann an den Mauern rüttelt. An jener Gesetzgebung rüttelte keiner; statt dessen öffnete Sadat die Tür einem anderen neuen Wind. Er bestellte Osman Ahmed Osman, das Haupt der «Arab Contractors», zum Minister für Wohnungsbau. Osmans Grossfirmen, die im Zug der begleitenden Privatisierung einen ansehnlichen Teil des staatlichen Maschinenparks, etwa von Ägyptens vormals grösster Baustelle am Hochdamm von Assuan, zu Spottpreisen übernommen hatten, bauten die Stadt ringsherum gleich nochmals, in Form von Billigblöcken. Ehe man die alte Substanz in der Innenstadt wegräumen und durch genormte Hochbauten ersetzen kann, wird man die Bewohner viertelweise in die neuen Vorstädte aussiedeln müssen, wo dann auch das eingangs gelobte Dorf doch endlich verschwinden dürfte. Die Zeit ist über Ägypten hereingebrochen, und Osman Ahmed Osman sitzt seitdem auf mehreren Milliarden Dollar.

Doch er feiert nicht alleine. Den kleinen Leuten, die nicht revoltieren, sitzen die zeitlosen Geschichten aus den Tausendundein Nächten zu tief unter der Haut, als dass sie sie für Märchen hielten. Und das Motiv, das so unerbittlich – wohl am häufigsten – wiederkehrt, erstaunt sie nicht: jenes Motiv vom Bettler, der zum König wird, und vom König, der zum Bettler wird. Wenn zum Geburtstag des Propheten Muhammad oder eines der Kairoer Hausheiligen, des Hussein, der Sayyida Zainab, die Sufi, die Bruderschaften der Mystiker, durch die lichtergeschmückten Gassen ziehen, dann ergreift einen nicht nur eine orientalische Portion Erhabenheit über irdisches Ungemach. Wo er denn so gutes Englisch gelernt habe, hat am frühen Morgen mein Gast den Taxifahrer gefragt. «Sieben Jahre lang, in

Stockholm, statt Schwedisch.» Frau und Kinder seien noch dort, er habe es nicht länger ausgehalten. «Wissen Sie, in Europa, da gibt es eine Krankheit. Man nennt sie – äh – Debresion oder so irgendwie. Das ist, wenn die Leute niemals lachen . . .» Auch Yussef Sabri, der Gouverneur, war nicht um die Antwort verlegen auf die Frage meines Gastes, was er in Kairo am meisten liebt: «Die Leute! Sie sind so einfach, so schlicht.» Es ist unmöglich, ihn misszuverstehen: Sie sind so ganz und gar uneitel, so frei von Anmassung. «Und wann ich sie am meisten liebe», fügt Yussef Sabri hinzu, «das ist, wenn sie lachen. Auch wenn sie nichts haben, ihr Lachen können Sie nicht nur hören, Sie fühlen es.»

Wer im Speiserestaurant an der Suleiman Pascha aufs Klo geht, der hört die ganze Küchenbelegschaft im Kanon singen. Ausserdem nehmen die Leute aufeinander Rücksicht. Das Linienboot auf dem Nil legt den zwei schreienden Nachzüglern zuliebe noch einmal an. Der Überlandbus setzt während der Einfahrt in die Stadt die Fahrgäste einzeln ab und macht für Familien mit kleinen Kindern einen Umweg. Vier der sechs Spuren auf der Urabi stehen still, der Korb auf dem Kopf einer Marktfrau ist aus dem Gleichgewicht geraten. Ein halbes Dutzend Passanten helfen der Marktfrau, die Pilze vom Asphalt zu klauben. «Bitte!» hat Yussef Sabri gebeten, bitte konzentrieren Sie sich auf die schönen Bilder von Kairo! Von aussen finden nur immer die hässlichen zu uns zurück.» Die kennt man tatsächlich zu gut. Ich habe mir Mühe gegeben, für meinen Gast. Ohne Schwierigkeiten ging es nicht, in Kairo. Yussef Sabri wird diese Schwierigkeiten verstehen. Seine eigenen sind so viel grösser.

Kairo, November 1987

Nördliche Annäherung
Drei Bilder

«Eine Stadt wie ein Roman»

Ein bisschen Marseille, ein bisschen Triest, ein bisschen Athen. . .», ein «Schuss London», auch «Jerusalem» raunt es aus dem Möbel der Möbel. Ahnt man, was die Namen im selben Zusammenhang zu suchen haben? In diesem Fernsehbericht, der sich Alexandria anzunähern und etwas davon nach Europa zu bringen verspricht, heisst dieser Zusammenhang «Levante». In Form einiger Säulen tritt Alexandria, das hellenistische Kulturzentrum, vor Augen. Ein Grab sodann, das niemals gehobene Grab Alexanders, für einen Augenblick nur, bis zur Beschwichtigung, seines sei es nicht, aber seines könnte es sein, eines von den beeindruckend vielen, die sich in gleicher Art in und um Alexandria fänden. An der Spitze der Mole stand der Leuchtturm, das Weltwunder, eines der sieben. Es ist nichts davon übrig, auch kein Bild. Jetzt findet in einem Satz die berühmteste Bibliothek der Weltgeschichte Erwähnung.

Den Griechen wird Dank gesagt – auch dafür, Alexandria im vorigen Jahrhundert aus dem tiefen Dornröschenschlaf geküsst zu haben, so dass «die Weisse» in neuer Pracht die Augen aller Welt auf sich zog. Bestanden hat die Stadt nunmehr, so wollen es diese Bilder, aus geldstrotzender Empire-Architektur an lichten Chausseen. Sinnlich morbide sei ihr Prunk gewesen, und erhalten geblieben sei sie in der literarischen Rückblende eines britischen Botschaftsattachés: im Roman-Quartett Lawrence Durrells, der sie innerhalb und auch ausserhalb der Ateliers seiner Protagonisten, meist Maler und Malerinnen, eingefangen hat. In der Rolle des poetischen Grossvaters und Bürgen Durrells findet sich ungefragt der griechische Lyriker Konstantin Kavafis.

Die beschworene Welt ist die eines Oscar Wilde, in der sich, auf der Lauer nach blaublütigen Visiten, die englische High-Society winters zu sömmern pflegte – die Welt des Grand-Hotels, noch inmitten seines höfischen Parks, der doch schon den 18löchrigen Golfplatz und auch zahlreiche Tennis-Courts in sich birgt. Der Kellner bleibt am Turban vom Berufskollegen in St. Moritz unterscheidbar; der ägyptische Rasen ist so grün wie an der französischen Riviera.

Nicht nur sinnlich, auch morbide, von ihrem Neubeginn im Dixneuvième an dem Ableben zugewandt ... Ein Einfall soll es belegen: Während des britischen Aufmarsches gegen Rommels afrikanisches Wüstenheer, da habe sich die Prinzessin Alexandria stracks in eine beträchtliche Hure verwandelt. Offenbar musste es ihr in der Art liegen... Nicht der Krieg aber, der fast auf Sichtweite heranrückte, soll Alexandria den Garaus gemacht haben, sondern erst der antimonarchistische Triumphzug des arabischen Nationalisten Nasser, der die Stadt in ihre Stinknormalität herabzerrte. Die Bilder zahlen fortan Tribut an Alexandrias neuesten Zeitgeist, der den Islam fundamental verstehen will. «Die Hure von einst würde heutzutags bald gesteinigt». Das ist kein Bild Alexandrias, sondern ein Stück fernsehdeutscher Tonspur. An den Stränden tragen die Mädchen keine Bikinis, sondern wieder jene ganzen Badkleider, wie sie Visconti für «Tod in Venedig» vorsah. Die Spurensuche erweckt jetzt den Eindruck, in Alexandria fänden sich immer noch Requisiten.

Auf den Strassen wickelt die Kamera allen Leuten Tüchter um den Kopf und setzt am liebsten ein tönernes Gefäss oder eine grosse Pappschachtel obendrauf. Die Szenen bleiben reinlich, wie sie es von Beginn weg sind, geruchlos aquarelliert, eben noch untermalt von alten, schmalzigen Schlagerweise, jetzt durch den Verkehrslärm etwas versachlicht. Die Stadt, die – wie es eingangs geheissen hat – alle Klischees zu verletzen vermochte, verletzt in der Optik dieser Annäherung keines. Eine einzige Einblendung Hitchcocks ins Marrakesch der fünfziger Jahre bringt mehr aus der arabisch-nordafrikanischen Welt vor Augen. Bietet Alexandria, die Matrone, zuwenig Stoff? Die exilierte Noblesse hat sich auch die zurückgelassenen Lüster nachschicken lassen. Manche suchen dennoch an der nordafrikanischen Küste ein altes Europa. Auf einer verödeten Mole betreten sie «eine Stadt wie ein Roman», die sie unverändert verlassen, und man stellt man fest, dass die Erwartung durch alle Enttäuschungen an ihrer ersten Wortwahl festgehalten. Schwer von konfektionierten Reminiszenzen trifft sie in Deutschland ein – die Kunde von einer aufgegessenen Torte.

1987

Ein Seitenblick

«Opfer einer menschenunwürdigen Gesellschaftsordnung» hat Ré Soupault die Frauen genannt, die sie 1938 im «Quartier réservé» von Tunis photographierte. Das Prädikat «menschenunwürdig» verrät häufig Münder, die damit nicht in erster Linie Erscheinungen in Paris oder Berlin qualifiziert haben wollen. «Menschenunwürdig»: Solidarität dieser einfühlsamen Art hat Prostituierte selten den feministischen Anwältinnen zu Dank verpflichtet. In diesem Spaziergang des Schweizer Radios tritt diese Art Solidarität wohltuend in den Hintergrund. An der Mittelmeersüdküste ist Karl Kraus' Weisheit geläufig, wonach das Schicksal der ins Freudenhaus verschleppten Phosphorarbeiterin nicht das einzige ist, das eine Träne verdient. Im Maghreb zeigen die gefallenen Engel wenig Neigung, aus dem

Nachtlokal in die Textilmanufaktur zu wechseln. Und vor den Zumutungen der Männer finden die Frauen oft schwerer Zuflucht, wenn sie sich in der ungeteilten Verfügungsgewalt eines Gatten oder eines Vaters befinden. Der Weg bis zur Ankunft im sogenannten Milieu ist oft der leidvollere Teil solcher Karrieren. Was die weiteren Stationen betrifft, so hält eine alte Frau fest – mit einer Autorität, die ihr Lachen nur unterstreicht: «Keiner weiss, wer ins Paradies geht und wer in die Hölle. Gott ist gnädig!»

Die orientalische Moral der Schande ist nicht die christliche der Sünde. Die Rechtsanwältin Nadia Hafzia, die sich in soziologischen Untersuchungen mit dem Phänomen in Tunesien befasst hat, betont: «Bei uns ist Prostitution nicht ein Laster, sondern ein Unglück.» Das verbessert die Aussicht auf Rehabilitation – im Bewusstsein der Umwelt, da ihr die Ursachen nur zu offenkundig sind, und, vielleicht wichtiger noch, vor dem eigenen Gewissen, da es der Tyrannei der Schuld nicht unwiderruflich ausgeliefert bleibt. Daran ändert nichts, dass auch in diesem Syndrom der Armut, nicht nur in dem entsprechenden des Wohlstandes andernorts, mit dieser besonders ehrlichen Arbeit mehr Geld zu verdienen ist als mit den Händen. Gut genug, ganz abgesehen von aller Moral, ist so auch nicht jede Rückkehr in jenen Teil der Gesellschaft, der die Kunden hervorbringt. Obschon die «Geduldigen», wie sie die Volkszunge nennt, laut dieser viel leiden, bleiben manche von ihnen auch ohne Zwang in den «Verbotenen Strassen». Sie haben keine Gewähr, dass sie nicht ohnehin dereinst ebenso betteln werden. Es finden sich Prostituierte im Maghreb, die solche Erwägungen selber äussern, nicht nur amtliche Ärzte und Beamte der Sittenpolizei.

Von den «Geduldigen» selber hätten wohl manche Hörer gerne mehr erfahren. Die gelungene Form des Features, das sich streng an den Originalton hält, hätte nicht zu grossen Schaden genommen durch die eine oder andere Paraphrase aus den Interviewaufnahmen, welche die Sicherheitsdienste einbehielten.

Statt dessen verweilen die beiden Reporter ziemlich lange an den Schauplätzen von Ré Soupaults eindrücklichen Aufnahmen, bemüht um Auskünfte, ob sich nach fünfzig Jahren noch jemand an diese oder jene «Geduldige» erinnert. Immerhin fällt in diesen ausgekehrten Kulissen ein wichtiges Stichwort: die okkulten Kräfte der maghrebinischen Frau, gerade der unreinen, die Gefahr, die von ihr ausgeht und ihr um den Preis dieser Dämonisierung auch Macht gibt. Die Frage bleibt offen, ob und wogegen sie ihre besonderen Waffen in der Zwischenzeit eingetauscht hat. In Nordafrika herrscht zwischen Mann und Frau nach wie vor nicht nur ein Verhältnis der Unterdrückung, sondern überdies eines der Differenz. Und auf diesen noch nicht vollends kapitalisierten Märkten wird – entgegen abendländischen Schemata – nicht einfach nur Ware gehandelt. Dies gilt um so mehr in einer Kultur, wo das legitime Verhältnis von ökonomischen Determinanten weder frei ist noch dessen sich schämt. Ein Verdacht, dies sei notwendig der Liebe abträglich, ist wohl im Okzident, aber auch da erst seit der Romantik aktenkundig.

Es war einmal ein Mann im «Quartier réservé», der wollte und konnte den Heiratsantrag seiner Gespielin nicht ausschlagen. Mit der Bitte um Rat begab er sich anderntags in die Moschee. «Wenn du sie herausholst, bekommst du einen Platz im Paradies», bestätigte ihm der Imam, wovon er vielleicht schon nicht mehr überzeugt werden musste. Das Märchen gewinnt einen Teil seiner Wahrheit mit der Mustergültigkeit, die ihm der Volksglaube zuschreibt. Die islamische Welt, die zur Zeit etwa iranische Praktiken mit so schrecklichen Zerrbildern entwürdigen, zeigt manchenorts – und warum nicht im Umgang mit Prostituierten - humane Züge, die in vielen Weltgegenden unbekannt sind. *1989*

(ps: Wenig humane Züge prägen auch im deutschen Raum die breitenwirksame Publizistik über Araber und Islam. «The

Muslim Discovery of Europe», das Buch eines amerikanischen Juden, erreicht den deutschen Markt unter dem Titel «Die Welt der Ungläubigen». «Allah» ist das arabische Wort für Gott, des christlichen unter arabischen Christen nicht weniger als des gleichen Gottes des Propheten, als dessen vermeintlicher Eigenname «Allah» bei uns so konsequent unübersetzt bleibt. In diesem Sprachgebrauch beten Ägyptens Christen zu einem spezifisch muslimischen Gott. Die «Neue Zürcher Zeitung» war dieser Unsittlichkeit einmal eine Zeitlang inne und schrieb auf deutsch «Gott», nicht «Allah». Selbstverständlich hält sich eine so tiefe Einsicht nirgendwo lange. Und dann gibt es jene anderen Bücher, die im deutschsprachigen Raum Auflage machen mit einem Titel wie «Allah ist mit den Standhaften». Das Wort stammt aus dem Koran: «Allah maa as-saburina», und der grosse Rudi Paret übersetzt: «Gott ist mit denen, die geduldig sind.»)

Ein Ruf

Sie dümpelt in ihrer eigenen Flut, Alexandria. Die Lichtpfützen und Schaumkronen, die, aus der Tiefe gelöst, über den Seespiegel huschen, so stet wie unstet, reihen sich nicht in eine chronologische Abfolge, fügen sich nicht in den hellenischen Raum des Aussereinander und Nebeneinander. Die arabische Literatur hätte, wie so oft geklagt wird, keinen Anschluss an die Moderne gefunden? Edwar al-Kharrat hat seinen Roman «Safranerde» nicht zum Gegenbeweis geschrieben, dieses Geschäft nimmt ihm Alexandria ab. Seine – und ihre – Kunst ist Wahrnehmung, die sich literarische Technik nicht überzuordnen braucht. Sie braucht die Dinge, da sie da sind, nicht erst herbeizuholen, sie braucht sie, da sie es selber tun, nicht zu ordnen, und um sie zum Sprechen zu bringen, braucht niemand über sie etwas zu sagen.

Das Buch – und auch sie, Alexandria? – sei dem Westen verschlossen, ist wiederholt konstatiert worden. Dieses Urteil nimmt Mass an den Rückbildungen der abendländischen Sinnlichkeit. Wer auf der mediterranen Mole von Alexandria erstmals aussereuropäischen Boden betritt, lässt sich – will er sich nicht sogleich ganz verlieren - erstmals leiten vom Geruch, der in jede Faser seines Körpers dringt und ihn verändert. Er lässt jetzt seinen Verstand neben sich sitzen, und er lernt warten, indem er die Bedeutung dieses Wortes vergisst. Vielleicht lernt er hören und vielleicht sehen – mehr sehen bestimmt, wenn im Andrang seine Augen sich schliessen. Alexandrinische Sinnlichkeit, nicht als ein Sensor oder eine Antenne zu denken, ist Zustand und unmittelbar eins mit dem Milieu: mit einer Üppigkeit, die sich nicht in eine Ordnung von Mitteln und Zwecken schickt. Ruht sie, ist sie sanfteste innigste Zärtlichkeit, rührt sie sich, ganz die gleiche, findet ihre Macht keinen Widerstand. Reglos daliegend, spürt sie sich so sehr, wie sie sich spürt, wenn ihre Wogen auf ihr zusammendonnern.

Kharrat – der Knabe, der Adoleszent, der Mann – hat viele, sehr viele Zeichen gesammelt und aufbewahrt. Sie erscheinen auf der Schale einer Orange, in der Stofflichkeit eines Lufthauchs, im Gewebe einer Stimme, im schmerzhaften Griff einer besorgten Tante, der sich im Arm des Knaben für ein Leben eingräbt. Als Aussenwelt reicht ihm, wenn nicht der Kosmos des eigenen Fleisches, so doch die Haut, und der gemütliche Takt der Strassenbahn gerät ohne Zutat von Kharrats Feder zur galaktischen Umwälzung. Kharrat reicht zu allem ein Nichts, ein ganz kleines, nicht ein grosses. Und das Gestein der Stadt, Gebieterin über alle Allegorien, hebt an zum metaphysischen Rezital, das keiner anderen Quelle bedarf als ihrer Erfahrung. Ebenso tapfer wie scheu bewegt sich in den Gewalten das Ich, das Kharrat meist in die dritte Person setzt: «. . . sein Herz klopfte, er zog sein Schwert, schwang es in der Luft. Die Tür war jetzt verschlossen, die er so oft angelehnt gesehen hatte . . .»

«Magischer Realismus» ist für Kharrats Gefilde eines der Etiketts, wie sie im Norden die eigene Kunst der Kritiker kennzeichnen. Doch Alexandrias Magie überhöht ihre Realitäten nicht, denn diese sind ihr genug. Und bei «Safranerde» handelt sich um nichts weiter als um die autobiographische Annäherung eines – koptischen – Alexandriners an seine Stadt. Aber Kharrat, ein so humorvoller Mensch, macht im Ernst und zu Recht geltend, dass «nichts dergleichen» in seinen Texten zu finden sei. Nicht er selber schliesslich, vielmehr «sie hatte ihn gerufen» – Alexandria. *1990*

(ps: Alle sind von Bord gegangen. Es sind weitere Stühle gebracht und um den verkrüppelten, dreibeinigen Blechtisch gruppiert worden. Der Tee ist bereitet und wird aufgetragen, auf der kleinen runden Tischplatte behutsam ausbalanciert. Ein Begleiter vom Rhein will seinen Stuhl zurechtrücken, steht auf dazu und schmeisst den Tisch mit den sechs Gläsern über den Haufen. In seinem Ungeschick ärgert er sich, und er verflucht den elenden Tisch. Eine Regung, sich zu entschuldigen, kommt ihn nicht an. Die Leute am Tisch kennt er nicht. Sie kennen ihn jetzt etwas besser, aber sie ärgern sich nicht. Zu Hause ärgerten Leute sich ab und zu über ihn. Manchmal merkte er es und ärgerte sich über sie. Er sagte ihnen dann, sie sollten vor der eigenen Tür kehren, und da fänden sie Grund genug, sich über sich selber zu ärgern. Während der Junge die Scherben zusammenkehrt, steht der Wirt betroffen daneben und entschuldigt sich für die Schwächen seines Mobiliars. Zu Hause ist der Begleiter vom Rhein Politiker und als solcher ein Grüner. Wie lange wird er mitreisen?)

Grenzverkehr

Die Ilala, der einzige Steamer mit Kabinen soll nach einigen Jahren der Generalrevision doch das Dock verlassen; aber noch dauert es, wie Beamte der zuständigen Malawi Railways sagen, «zwei oder drei Monate», ehe der Oldtimer erstmals wieder in Monkey Bay seine dreitägige Zickzackroute den Lake Nyasa hinauf unter die Schaufelräder nehmen darf. Nach Malawis hohem Norden führen auch Strassen, und im Staate Hastings Kamuzu Bandas, des Präsidenten auf Lebenszeit, offenbart die Ordnungsliebe mehrere Gesichter. Über weite Strekken zeugt der Asphalt von einer Pflege, wie sie weiter im Norden, im afrikanischeren Afrika, höchstens da und dort einem Interieur zuteil wird. Der Belag profitiert zugleich von einer milden Belastung. Unter den Taxifahrern beim Markt von Blantyre finden sich nur wenige, die ihrem Gefährt noch immer zwei- bis dreihundert Kilometer über Land zutrauen. Gleichviel ob eines von ihnen oder ein Mietwagen – ein Fahrer empfiehlt sich. Auf den drei Etappen platzt stets ein Reifen, nie an einem Vorderrad, sondern wohlerzogen immer am selben linken Hinterrad. Dort, am englischen Strassenrand und nicht mitten auf der Fahrbahn, gehört das am längsten getragene Stück angebracht. Dennoch ist die Regenzeit auch im Süden noch nicht ganz vorüber, und über den Norden brechen noch täglich Fluten herein, die Malawis kalvinistische Sittenstrenge durch den Vorgeschmack von einem mehr katholischen jüngsten Tag auflockern.

Das kleine Land, dieses Erbe von Visionen schottischer Missionare und eines nationalistischen Zöglings, trägt noch Züge einer Utopie, und wäre es nur die Utopie des Süsswassermeeres, in dem man im Unterschied zu den anderen grossen Seen des ostafrikanischen Grabenbruchs an vielen der paradiesischen Stränden sogar baden darf. Der gefürchtete Pärchenegel, der Erreger der Bilharziose, hält sich an die stärker bewohnten Küstenabschnitte. Die Malawier unterhalten zu ihrem See nicht das Verhältnis vieler anderer afrikanischer Uferbewohner, die oft kaum ein kommerzielles Interesse an der Fischerei zeigen, diese in manchen Fällen einigen geschlossenen Substistenzgemeinschaften überlassen und selber gar keinen Fisch essen. Der malawische Proteinbedarf wird zu siebzig Prozent aus dem See gedeckt.

Der dichtbesiedelte und wirtschaftlich dominante Süden hatte 1975 den Regierungssitz dem Zentrum des neunhundert Kilometer langen und im Mittel nur etwas über hundert Kilometer breiten Land abzutreten. Im alten Parlamentsgebäude in Zomba, siebzig Kilometer nordöstlich von Blantyre in Richtung See, unterstreichen Bandas Bekleidungsvorschriften den musealen Charakter, dem die ehemalige Hauptstadt mit der Würde des Alters auch ihre Gemütlichkeit verdankt. Lilongwe in schroffem Kontrast dazu zeigt die besonderen Merkmale der artifiziellen Stadt, und unter anderem der reissbrettgeborenen Weitläufigkeit verdankt die neue Kapitale als erste malawische Stadt die neuerdings aufkeimenden Sicherheitsprobleme. Doch es ist Tag der Märtyerer, an dem in alkoholfreiem Frieden der Opfer des Nationalistenaufstandes von 1958 gedacht wird und nach dem lückenlosen Kirchgang auch die Politiker, vielbeschäftigt im Vorfeld der ersten Wahlen, für einmal gelangweilt zu Hause in der Stube empfangen. «Aber keine Spur, ganz im Gegenteil», sagt Mrs. Mary Kaphweleza-Banda, stellvertretende Generalsekretärin der oppositionellen Alliance for Democracy. «Bei den einfachen Leuten stossen Frauen mit politischen Ämtern auf gar keine Widerstände.» Nur das Regime, fügt ihre Mutter hinzu, habe dafür gesorgt, dass bis vor kurzem Frauen in der Öffentlichkeit einzig tanzen durften.

In dem hochmodernen, mit Bord-WC versehenen Car der «Coachline» ist nur für heute die Vollklimatisation ausgefallen, nicht so die pastorale Musik. Dem nördlichen Zentrum Mzuzu entgegen, vorbei an Kasungu und an Bandas Elite-College, dem malawischen Eton mit wenig geringerem Anspruch und Ausweis als das Vorbild im englischen Buckinghamshire, verschwindet die Strasse am Horizont in ersten dunklen Waldungen, Zuchtforst über Dutzende von Kilometern, wie man ihn auf dem Kontinent nirgends vermutet hätte. Laut einer Strassenkarte sind es ungefähr 1016 Kilometer von Blantyre über Monkey Bay nach Lilongwe, weiter über Mzuzu wieder zum See und die Küste entlang nach Karonga, 1016 Kilometer in einem ganz besonderen Afrika mit einem ebenso besonderen aussenpolitischen Renommee.

Malawi ignorierte stets alle Sanktionen, welche die Organisation der afrikanischen Einheit gegen das Apartheidsregime in Pretoria verhängt hatte, und nicht nur die südafrikanischen Gratifikationen, sondern vielleicht nicht weniger die politische Isolation des Binnenlandes unter den Nachbarn kam Banda lange Zeit gelegen. Zur Last wurde sie, als die Renamo-Guerilla Malawis Verkehrswege durch Moçambique unterbrach. Nur mühsam vermochte Banda während der achtziger Jahre sein Land aus dem allseitigen Bann zu lösen, und was insbesondere die nördlichen Nachbarn unter Julius Nyereres Partei der Revolution betraf, so hatte Malawi bis zum 25. Jahrestag seiner Unabhängigkeit zu warten, ehe 1989 Präsident Mwinyi dem Land den ersten tansanischen Staatsbesuch abstattete. Wenig früher, erst 1985, waren diplomatische Beziehungen aufgenommen worden.

Die Grenze, der man sich in Karonga, gegen das Nordende des Sees, bis auf dreissig oder vierzig Kilometer genähert hat,

hat ihre Markanz nicht verloren. An einem neuen malawischen Grenzübergang unweit des tansanischen wird erst gebaut, und die alten Posten liegen etwa fünfzehn Kilometer voneinander entfernt. Dazwischen gibt es keinen öffentlichen Verkehr, auch keine Buschtaxis, die in Afrika kaum irgendwo fehlen; es zirkulieren nur Lastzüge und einige wenige Privatwagen mit Nummernschildern aus Drittländern. Der Direktor des Spitals von Karonga erwähnt zuerst seine Ambulanz, mit der sich ein Transport arrangieren liesse. Er offeriert dann aber doch lieber den offenen Toyota Pick-up, ebenfalls mit offiziellem Nummernschild. Gut die Hälfte der Strecke von Blantyre nach Dar es Salaam liegt kurz darauf hinter uns: «Dar es Salaam 1005 KM», steht auf dem Schild neben dem tansanischen Zollhaus.

Die Abfertigung verläuft wie am Schnürchen, und der Inhalt des Reisegepäcks interessiert – Wunder über Wunder – niemanden. Wie auch der Fahrer bestätigt, scheint von den Grenzbeamten keiner auf einen Obolus aus zu sein. Doch noch ist der Schlagbaum unten, als jetzt ohne weitere Fragen hinten auf der Brücke zugestiegen wird, zuvorderst ein Polizist und ein halbwüchsiger Untersuchungsgefangener, die Hände mit Schnüren gefesselt, das Gesicht verquollen von schweren Schlägen, das eine Auge fast zugeschweisst – zuhanden der Presse ein wahrhaft passendes Arrangement. Weitere sechs, Beamte und Zugewandte, haben es sich hinten auf den Taschen so bequem wie möglich gemacht, ehe die Fracht nun keineswegs die vorgesehene Route einschlägt. Statt nach dem 150 Kilometer entfernten Mbeya an der Tazara, der Tanzania-Zambia-Railway, geht es in das nächstgelegene Städchen Kyela, und dort ist für den malawischen Toyota Endstation. Der Fahrer wird es schwer genug haben, soviel Benzin oder Kleingeld zu retten, um ins Spital von Karonga zurückzufinden. Die Strassen sind nun nicht mehr malawische, doch einige tansanische Asphaltreste finden sich, und die fast 2000 Höhenmeter hinauf aus dem Seebecken auf den Pass über Mbeya und die 500 Höhenmeter jenseits wieder bergab schafft in vier Stunden auch das Matatu, der vollbepackte afrikanische Kleinbus, aus allen Lautstärkern getrieben von brausender Reggae-Musik.

Auf dem Bartischchen im Hotel Mount Livingstone entfaltet ein Rosmarinzweig aus dem Garten das Bouquet einer ausgeschütteten Familienpackung Badezusatz. «Mbeya ist ein guter Ort», hat auch vorhin der Fahrer gesagt, in dessen Auto man die Tür festhalten muss, «ja, mir gefällt es in unserer Stadt». Man hört es in Afrika nicht alle Tage. Überwältigend in dem entlegenen Hochtal ist nicht nur die überbordende Natur, die sich auch der zwölf Tonnen schwere Eisenmocken Mbozi, Afrikas zweitgrösster Meteorit, als Endstation ausgesucht hat. Die Leute sind nur Herzlichkeit und Zuvorkommenheit, ganz wie in Afrikas fernem Osten auf Sansibar, und an den Entbehrungen des tansanisch-sozialistischen Ausmasses muss etwas sein, was die Kunst zu leben über die Verdriesslichkeiten des Alltags triumphieren lässt.

Auch im Schlafwagen der Tazara herrscht Frieden, obschon in Mbeya, gut halben Wegs vom sambischen Ausgangsbahnhof Kapiri-Mposhi zur tansanischen Hauptstadt, die Waggons des internationalen Expresszuges bereits gut belegt sind. Neben dem gebuchten, aber schon vollen Abteil findet sich dennoch ein leeres, auf welches erst einen Augenblick später jemand anders berechtigt, aber vergeblich Anspruch erheben wird. Ausser sauberen Laken, schön warmem «7 Up» oder Bier und Spiegeleiern aus der dunklen Tiefe einer Friteuse haben die verbleibenden 850 Kilometer fast nur Buschwildnis zu bieten. Die zwanzigjährige chinesische Linie wurde an den Städten vorbeigeführt. Die weit voneinander liegenden Bahnhöfe sind nur um einige wenige jener vorgefertigten Baulichkeiten gewachsen, mittels deren das Regime in revolutionäreren Jahren seine längst aufgegebenen Umsiedlungs- und Verdörflichungspläne betrieb.

Nach zwanzig Stunden bereits zeigen sich rechter Hand die

Lichter des internationalen Flughafens, und der Zug erreicht in Kiwalani den Stadtrand der Kapitale, welcher der Ruch einer der schmutzigsten Städte des Kontinents anhaftet. Wer je in Westafrika war, wird entsprechende Bilder nicht aufspüren können, schon gar nicht im Hafen, aber auch nicht in Vorstädten wie Magomeni oder Kariakoo. Auch zu einem solchen Rekord fehlt dieser Stadt eine Portion Vitalität, eine Portion Rastlosigkeit. Bei der Suche nach dem geeigneten Ort zu einer letzten Fahrkarten- und Ausweiskontrolle ist die ingeniöse Wahl der Sicherheitskräfte auf eine schmale Unterführung gefallen, wo Uniformierte mit Stöcken die Reisenden in drei hübsche Einerkolonnen einzureihen bemüht sind. Auch diesmal, wie tausend Male zuvor, ist dem Versuch nur geringer Erfolg beschieden. In Lagos besänne man sich auf das Konzept, denn sonst würden vielleicht ein paar Leute zu Tode getrampelt; aber nichts davon hier, im Hause des Friedens, wie es der Name der Stadt sagt. Hier in Dar es Salaam darf sich die Ankunft abwickeln wie der Massenausbruch aus einem Gefängnis.

Dar es Salaam, März 1994

Engelszungen am Sambesi

Sorry, please don't beat me!» sagt der Kellner, der die leere Flasche abträgt und sich nach seiner ausgeschlagenen Offerte einer zweiten sehr sorgfältig bedankt. Sambia ist ein Land, wo man schon bei der Einreise mit dem Grenzpolizisten Hände schüttelt. Fortan wird man unablässig gegrüsst werden und grüssen, jedermann sich nach jedermanns Wohlergehen erkundigend. Das Angebot an Dienstleistungen macht einen Eindruck grosser Zuvorkommenheit. Ebenso umgehend, wie sambische Hotels Reservationen entgegennehmen, annullieren sie diese stets wieder. Gründe dafür braucht es keine besonderen. Vor dem «Donnernden Rauch», wie das Hotel in Livingstone nach den Victoria-Fällen getauft ist, steht immerhin ein Mietwagen. Es fehlt ihm für einmal keine seiner sechs Scheiben, und er versetzt nicht wie die zwanzigjährigen Taxis des alten Regimes die Insassen in jenen belebenden zairischen Rumba-Swing.

Der Fahrer verbreitet mit Hingabe die christliche Religion, wozu ihn ebendiese bei jeder Gelegenheit anhalte, ob er Priester sei oder nicht. Als Katholik stösst er sich nicht an der Macht der Furcht im Glauben; was seine Teilhabe am Triumph der neuen Regierung schmälert, ist seine Annahme, dass KK – wie der abgewählte Kenneth Kaunda in Sambia heisst – die Wirtschaftsreformen nach einer Wiederwahl schneller vorangetrieben hätte als die Demokraten unter dem neuen Staatsoberhaupt Frederick Chiluba. «Glauben Sie mir, dem alten Mann sind Angst und Schrecken so sehr in die Glieder gefahren. Er hätte vorwärts gemacht.» An KK's überdurchschnittlicher Portion Anstand zweifeln, wenn es um das Sündenregister afrikanischer Dikatoren geht, noch immer nur wenige. Er liess keinen seiner Gegner aufhängen, amnestierte sie meist nach einiger Zeit, und trotz einer rabiaten Polizei, deren Kontrolle heute Chiluba Schwierigkeiten bereitet, hätte das zivile Betragen von Sambias politischen Institutionen auch vor dem Machtwechsel manchem afrikanischen Staat ein Vorbild geben können. Der Fahrer versichert, dass von den zwei Dritteln Christen achtzig Prozent mindestens einmal wöchentlich in die Kirche gingen, und er ist überzeugt von der Rechtschaffenheit seiner Landsleute. Sie verstünden es, wenn nun bei der Neuverteilung der Anteile zuerst die, dann diese, schliesslich jene und erst danach sie selber an der Reihe seien.

Der Wagen rollt, der Hauptstadt Lusaka entgegen, ruhig durch die Nacht. Nachts ist es sehr dunkel in Afrika, und vielleicht spiegelt der masslos gestirnte Himmel über uns etwas von der ethnischen Vielfalt des Kontinents, die etwa jener der ganzen übrigen Welt entsprechen soll. In sehr wenigen afrikanischen Ländern legt man in etwas mehr als sechs Stunden 500 Strassenkilometer zurück – und dies obendrein nachts. Die Zentren der sambischen Bergbauprovinz Copperbelt verbinden Autobahnen, die entsprechenden Fahrzeugen ein Stundenmittel von 120 Kilometern gestatten. Wer ein anderes Afrika weiter nördlich gewohnt ist, mag sich ungefähr so, wie ihn das Äussere hiesiger Städte empfängt, die australische Ostküste vorstellen. Obschon kaum jemand etwas zu erstehen vermag, scheint auf einen flüchtigen Blick das Konsumgüterangebot in Läden und auf Märkten dem von Budapest kaum nachzustehen. Der Schein trügt. Die liebenswürdige Bedienung, die sich in Sambia gerne für jeden stundenlang Zeit nimmt, zählt vollständig auf, was von der Speisekarte unverfügbar ist. Ein umgekehrtes Verfahren brächte sie wesentlich rascher zum Ziel.

Es handelt sich augenscheinlich um das Phänomen staatseigener Mentalität, wie es Osteuropa das Gruseln gelehrt hat. Die neue Führung stöhnt laut über die Gepflogenheiten im Moloch der Verwaltung, dem Monatsgehälter zwischen vierzig und hundert Dollar wenig Effizienz beibringen. Auswärtige Unternehmer sagen, Sambier täten durchaus etwas, solange sie sich damit einem Zuschauer gefällig erwiesen. Das Gegenteil von «gut» ist üblichenfalls «schlecht», aber hier ist das Gegenteil von «gut» ab und zu doch «gut gemeint». Der Spezialist in der Plätterei, der auf der Aussenseite den Knopf der Innentasche ausbügeln will, brennt ein Loch in die Weste, nachdem er zuvor, besorgt um dieselbe Gründlichkeit, die zur Handwasche gegebenen Wollsocken in der Maschine gekocht hat. Trinkgelder verstossen laut den Weisungen des Hotels gegen das sambische Gesetz. «Wir werden alles tun für Sie!», aber eine Arbeitswoche reicht nicht, man gelangt beim Ministerium nicht in Besitz des Ausweises für besuchende Journalisten, den man bei den Nachbarn in Simbabwe binnen zwanzig Minuten erhält.

Sie sind womöglich jetzt noch dort, die drei äthiopische Funktionäre der ostafrikanischen Zollunion PTA (Preferential Trade Area), die in Lusaka deren Hauptquartier besuchen wollten. Denn Sambia ist ein Land so liebenswürdig, dass man es kaum mehr verlassen kann. Die Frage, wie man das anstellen soll, kann Tage lang Kopfzerbrechen bereiten und manche Stunden physischer Anstrengung kosten. Reservationen greifen vor auf eine Zeit, die selten ganz unverändert eintrifft, und Buchungslisten dürfen nur die besten Absichten zum Ausdruck bringen. Schon auf dem Flughafen Livingstone fand ein Dutzend vermeintlicher Passagiere trotz bestätigter Buchung in der Maschine keinen Platz. In der Abfertigung auf internationalen Linien lassen auch afrikanische Fluggesellschaften sich gerne beim Check-in vertreten. Verantwortlichkeit entfällt damit wechselseitig. Hat man sich doch Einlass in ein Flugzeug verschafft, erfüllt einen nebst grosser Dankbarkeit ein Glücksgefühl, das einem in Europa – wie der Anlass, es zu empfinden –

entgeht. Wohlbehalten zu Hause, findet sich wenigstens der Journalist versöhnt mit Sambia. Denn im Verlaufe des langen Abschieds hat er schon alles und noch mehr bereits zu Ende geschrieben.

Lusaka, August 1992

Somalia und ein Stern der Heimat

«Sicher auch vor dem Fernseher!», prustet Hassan, der Fahrer. «Sicher», bekräftigt Paul, «und die Kinder in der Schule und zu Hause beim Mittagessen.» «Ja, ich habe das schon sagen hören», fügt Hassan, der sich noch nicht ganz erholt hat, hinzu. «Die Schweiz soll ein sehr sicherer Ort sein.» «Sicher», sagt Paul, «und natürlich tragen wir sie alle auch auf dem WC.» Peter Gottfried war es gewesen, vom Internationalen Komitee vom Roten Kreuz, der Chefdelegierte für Somalia. Er war es gewesen, der die Frage am Abend zuvor aufgeworfen hatte. Es war im Safari Parc Hotel, beim Galadiner des Schweizer Clubs, der die helvetische Siebenhundertjahrfeier in Nairobi beging. Gedankenversunken, etwas fern vom Geschehen, hatte Peter Gottfried am oberen Tischende gesessen, bevor er, recht unvermittelt, in die Runde zurückfand. An Paul gewandt brummte er: «Du, wie ist jetzt das dort, bei uns in der Schweiz? Ich meine, mit jenem Gurtenobligatorium ... Gilt das dort nur in den Autos?»

Heart of Darkness

Kein Mensch, der jemals nach Kisangani kam, tat es mit leeren Taschen. P.V., der vielgewanderte Kongobelgier, verfügt über einen grossen, rot, blau und weiss gestreiften Sack. Mit Anrecht auf vierzig Kilo Gepäck, und wäre es auch Gemüse, haben wir auf Gomas holpriger Startbahn mühelos abgehoben. «Hast du sie dir schon einmal richtig anschauen können, die Broccoli? Ich meine die,» fügt P.V. hinzu, «die du jetzt für die nächsten paar hundert Kilometer unter dir hast?» Und wirklich, um ein grosses Moos scheint es sich nicht zu handeln, eher noch um ein monotones Stück submariner Flora; aber «Broccoli» ist nicht nur ein nettes, es ist das treffende Wort. Es geschieht selten, dass über dem Kongobecken der Blick die 10'000 Meter hinabreicht bis auf das Dach des tropischen Regenwaldes; wo von dieser Urverkleidung etwas übrig ist, dünstet die Erdoberfläche meist viel zu stark, und dies oft um so mehr an trockenen Tagen mit klarer Sicht in der Höhe. Bei hohem Wolkenaufbau und etwas mehr Feuchtigkeit öffnet sich eher die eine und andere Schlucht bis ganz hinunter auf die «Broccoli».

La ville de Kisangani – in der Optik der Sicherheitskräfte am Flughafen bleibt dieses Reiseziel zunächst etwas vage. Wer begibt sich an die Biegung des Grand fleuve, um daselbst die Stanley-Schnellen oder das grosse Stauwehr des Kongo-Zuträgers Tshopo zu betrachten? Eine Pilgerfahrt zum «Heart of Darkness» – 104 Jahre nach Joseph Conrads Ankunft als Kapitän der «S.S. Roi des Belges»? Es ist strittig, ob das wohl meist gelesene Buch mit afrikanischem Tatort ein Buch über Afrika ist; für Kisanganis heutige Autoritäten gilt es jedenfalls nicht als Alibi zu einem Besuch, ebensowenig wie «A Bend in the River», Naipauls kaum minder bekannter Roman, der ebenfalls hier im ehemaligen Stanleyville spielt. Ausser über den rot-blau-weissen Sack verfügt V.P. aber auch über den Namen des Adressaten. So sind wir nach fünf Minuten freie Männer. Monsieur Deu amtiert nicht in einem der neueren, so rasant gealterten Bürohochbauten im Zentrum, sondern diskreter, etwas flussabwärts, in einem der dreistöckigen Häuser mit ihren Erkern, mit ihren geschwungenen Balkonen und ihren jäh vergiebelten Dächern zwischen den hohen Bäumen, wie sie à l'époque gemäss dem Empfinden der flämischen Kolonialarchitektur dem organischen Milieu eingepasst wurden. Gehievt und gezogen von sechs Armen überwindet der Sack die ebenso schmalen wie steilen Holztreppen.

Ganz oben im Dachstock empfängt Monsieur Deu, in Kisangani der Chef des S.N.I.P., des Service national d'intelligence et de protection. Voller Wohlwollen, wie er sich gibt, stammt er aus Équateur, Mobutus Heimatregion am Ubangui; er ist ein Ngbandi, ein Angehöriger des kleinen Urwaldstammes Mobutus, und – mehr noch – er ist ein Neffe des grossen Goga, des nationalen Chefs der A.N.I., der Agence nationale de l'immigration oder auf deutsch der Fremdenpolizei, eines Zweiges des S.N.I.P. An der Wand hängen, im historischen Gewicht ihrer antiquarischen Zubereitung, die Bilder des Tags, als Monsieur Deu ausgezeichnet wurde, und dies vom Staatsoberhaupt und mit dem Commandeur de l'Ordre National du Léopard. Natürlich kennt P.V. auch den grossen Goga selber, und er weiss, dass Monsieur Deu dies weiss. So lässt es P.V. sich nicht nehmen, in aller Form um Verzeihung zu bitten, aber den Sack brauche er für die Rückreise wieder. Im Büro von Kisanganis höchstem Sicherheitschef werden daher die vierzig Kilo Zwiebeln, Karotten und weiteres Grünzeug ausgepackt. «In diesen Tagen ist es bei uns das Geld, das die Ware sucht», hat Monsieur Deu soeben erklärt.

Es ist kaum denkbar, dass es in Zaire eine teurere Stadt gibt als Kisangani, denn was Monsieur Deu sagt, gilt auch für Dienstleistungen, allem voran Transport. Niemand weiss Näheres über den Geschäftsgang der staatlichen Schiffahrtsgesellschaft Onatra. Sie ist bis heute berühmt, die unerschrockene Komposition aus drei oder vier alten Flussdampfern mit ihrer Fracht von 3000 bis 4000 Passagieren und sämtlichen käuflichen und verkäuflichen Gegenständen zwischen Zaires Himmel und Erde. Doch seit die «Ville flottante» sich letztes Mal auf die zweiwöchige Heimreise nach Kinshasa begeben hat, sind fünf Monate vergangen. Nur private Cargo-Boote halten einen minimen Flussverkehr aufrecht. Die Strasse nach Buta im Norden und von dort westwärts nach der Zentralafrikanischen Republik ist unpassierbar, was schon am Stadtrand die Brücke über den Tshopo beweist. Bei den Strassen nach Osten handelt es sich mehr um Legenden als um Transportwege. Für die Urwaldrouten zu den ugandischen Grenzübergängen bei Kafwe und Mahagi gibt eine Strassenkarte 836 respektive 863 Kilometer, für Geländevehikel drei bis vier Tage, für Camions das Doppelte. Die 640 Kilometer lange Verbindung über Bukavu nach Burundi sollte sich seit langer Zeit in Bau befinden. Benzin kostet derzeit in Kisangani doppelt soviel wie in der Ostregion Kivu.

Nebst dem atlantiknahen Léopoldville, der heutigen Hauptstadt Kinshasa, und Katangas südlichem Minenzentrum Elisabethville, dem heutigen Lubumbashi, war Stanleyville stets als die dritte, östliche Metropole des Grossreichs vorgesehen. Was die Stadt im Urwald auf dem vorgezeichneten Weg zum vornehmlich verarbeitenden Industriezentrum erreichte, war einzig der erforderliche Bevölkerungsumfang. Der Sicherheitschef Deu hat keine Ahnung wieviele Leute sich in seiner Obhut befinden – «oh, sicher längst mehr als eine Million!»; Berechnungen, die 1992 von kirchlichen Kreisen publiziert wurden, ergaben etwa halb so viele. Für Entwicklungsplaner blieb die Stadt in ihrer Lage ein Sorgenkind, das zudem seinen Ruf der politischen Unbotmässigkeit seit den Tagen Lumumbas nie los wurde und immer wieder entsprechend martialischen Kuren unterzogen wurde. In den sechziger und siebziger Jahren waren diese Strafexpeditionen mit regelmässigem Beizug von Söldnern noch um einer Ordnung willen gedacht.

Seit Mobutus Inangriffnahme seines politischen Spätwerks namens *multipartism* traten die Kräfte der Sicherheit nur noch als Freibeuter in Erscheinung. Einer ersten Plünderung unter Führung des Militärs fiel auch Kisangani 1991 zum Opfer, der zweiten vor Weihnachten 1992 - diesmal umfassend und durchgreifend. Richtigen Krieg gab es im friedliebenden Zaire schon bald 30 Jahre nur mehr im südlichen Shaba, aber soweit Sachwerte im Spiel waren, ging es Kisangani Anfang letzten Jahres nicht sehr viel besser als der liberischen Hauptstadt Monrovia nach der viermonatigen Schlacht vom Sommer 1990. Plündergut hat in Zaire aber oft auch dem Inhaber Verdruss bereitet, im Regelfall eher weil sich keine solventen Käufer fanden. Der Franko-Mauritier, der die Geschäfte der hiesigen Pflanzenölfabrik leitet, meint, nach Kisanganis grossem Kehraus sei aber auch viel von dem gestohlenen Gut aus Scham nie mehr aufgetaucht. Man weiss zu rasch, wo es her ist.

Kaum zweihundert Meter vom Sitz des S.N.I.P. verliert das einzige Taxi, das sich am Flughafen fand, das rechte Hinterrad. Der Regen, der präzise auf diesen Augenblick gewartet hat, setzt jetzt ein. Wir spazieren durch Kisangani – nass, aber auch P.V. meint, besser von aussen nass als von innen. Der Regen hat die tropische Waschküche deutlich unter ihren Siedepunkt gebracht. Im Supermarkt findet das Geld in der Tat nicht allzuviel Waren: einige Flaschen voll Wasser und Cinzano, am grossen Fluss auch ein paar Büchsen Sardinen, Bisquits, Margarine und

Seife. Zwischen den schlüpfrigen Rinnsteinen des Grand marché herrscht zentralafrikanische Fülle an Fisch, Gemüse und Früchten. Nur das Fleischangebot ist etwas eintöniger, beschränkt sich weitgehend auf die kleinen geräucherten Affen. Gehäutet und ausgenommen, sitzen sie an den Spiessen, die ihnen vor der Behandlung im Rauch unter dem Schwanz in den Körper und oben zum Schädel wieder hinaus gebohrt wurden.

Haben die Belgier es nicht gewusst oder nur andere von einer strategischen Reserve nichts wissen lassen? Nicht so vieles sonst im Kongo, aber doch immerhin die geologische Erfassung von König Léopolds Vermächtnis galt als recht fortgeschritten. Noch in jüngeren entsprechenden Kartenwerken, etwa auch einer wissenschaftlichen Monographie von 1980, findet sich tatsächlich nichts von nennenswerten Vorkommen am Kongoknie. Es handelt sich um Diamanten, um alluvial abgelagerte, die gewissermassen von blosser Hand zugänglich sind. Aber man soll nicht übertreiben, und Monsieur Deu verneint, dass auch alle Schuljungen während des Unterrichts im Wald in den Flussbetten graben und mit vollen Händen die Inflation anheizen. Schliesslich sind im Augenblick Schulferien. In den Diamanten-Kontoren, von denen binnen einem guten Jahr fünfzig bis sechzig aus dem Boden geschossen sind, weiss man wiederum davon nichts, und den zuständigen Libanesen ist das Wort Ferien überhaupt so unbekannt wie ihrer sachkundigen Verstärkung aus Zaires Diamantengründen im Kasai Oriental.

Auch nach dem reinigenden Schauer folgen sich auf dem breiten Fluss in geräumigen Abständen einige langgezogene leichte Nebelbänke und verwandeln das «Herz der Finsternis» in ein helles Aquarell, in welchem auch das «Pourquoi pas?» genregerecht unterkommt. Flussabwärts am Rand des Hafenareals, etwas unterhalb der schimmelnden flämischen Handelshäuser bot à l'époque die Nummer 1 unter Kisanganis Bistrots den Gästen Musse mit Blick auf den Kongo, der sich hier von den Schnellen weiter oben im Knie erholt hat. Die Rundbögen des Steinbaukastenschlösschens sind alle mit grauen Backsteinen aufgefüllt, wohl aus statischen Gründen; ausgeschen seit langem nichts mehr. Dazu unter anderem ist der Flughafen da, zurzeit eine französische Etappenbasis halben Wegs zwischen Bangui und Goma. Die kleine und dennoch unterbeschäftigte Legionärsbelegschaft vertreibt sich die Zeit mit einigen Instandssetzungsarbeiten, so dass die Flüsse des zairischen Biers, die in Kisangani wohl auf keiner Wegstrecke merklich die Temperatur ändern, für eine Zeitlang wieder in Toiletten enden.

Monsieur Deus protection hat schon Stunden zuvor Verstärkung erhalten. «C'est vrai, lachen Sie nicht, mein Name ist Léopold», sagt der junge Agent vom S.N.I.P., dessen Dienstwagen nötigenfalls auch als Taxi zum Einsatz kommt. Auch der Parallelstaat von Mobutus Sicherheitsapparaten, der Jahrzehnte lang jede zivile Verwaltungsanstrengung ad absurdum führte, hat sichtlich an Macht eingebüsst. In Gestalt Léopolds entrichtet selbst der S.N.I.P. jeder Gruppe von Uniformierten den Obolus. Die bohrende Frage aber, was das auch bitte für Gäste sein möchten, hat ihm frühzeitig die passable Auskunft eingegeben, das seien zwei Piloten – «vom Roten Kreuz, falls Euch das interessiert». Dass es nur kurz nach der Aufwartung bei seinem Chef, Monsieur Deu, war, dass wir seine unterhaltsame Bekanntschaft gemacht haben, das sagt ihm P.V. erst zum Abschied und zur Begleichung der Rechnung. Für einmal gibt es daraufhin auch mit dem Gepäck keine Schwierigkeiten. In dem rot, blau und weiss gestreiften Sack befinden sich fünf Ananas und wiegen zusammen fast dreissig Kilo. Sie sind die grössten der Welt, wie alles in Zaire.

Kisangani, Juni 1994

Am Stanley Pool

Es wird Nacht über dem Stanley Pool. Die Regenzeit setzt erst im kommenden Monat ein, doch der immerwährende Dunst über dem grossen Fluss zieht mächtige helle Balken von Streulicht durch das diffuse Halbdunkel. Das ausufernde Meer der zwei Städte flimmert noch unstet und schwächlich; erst als die Boeing von «Air Afrique» tiefer geht, steigen wie Inseln einzelne Viertel aus der Tiefe. Der Anflug auf Kinshasa Ndjili ist grossartiger als dieser Abstieg nach Brazzaville Maya-Maya. Das eindrücklichste Panorama bietet sich aus einer Maschine, die in Ndjili abhebt, zuerst westwärst über die zairische Hauptstadt steigt und dann zu einer weiten Schlaufe nach Norden ansetzt, wo sie jenseits des Kongos hinter Brazzaville über dem Urwald verschwinden wird. Die endlosen Strassenzüge von Limete unter sich lassend, erreicht sie den Fluss direkt über dem Hafen. Rechterhand öffnet sich stromaufwärts der «Pool», ein 30 Kilometer langes und 20 Kilometer breites, von grossen Inseln durchsetztes Seebecken, an dessen Ausgang die verzweigten Arme sich wieder sammeln, kurz bevor die abschüssige Schlussetappe zum Atlantik beginnt. Aus der Höhe ist nichts zu spüren von der Gewalt der Wassermassen, die zur Linken noch im Gesichtsfeld den ersten Katarakt der Livingstonefälle erreichen. Der eineinhalb Kilometer breite Graben, der zwischen Kinshasa und Brazzaville Afrikas wasserreichsten Strom zu fassen vermag, trennt optisch so wenig zwei Städte wie in Kairo der Nil.

Obschon an beiden Ufern die gleichen Stämme die gleichen Sprachen sprechen, trennt der Strom nicht nur zwei Städte, sondern zwei Staaten; und obschon laut dem Verfassungsentwurf der souveränen zairischen Nationalkonferenz wieder beide Staaten Kongo heissen sollen, wie der Fluss, der sie trennt, schei gründlicher als der Rhein zwischen Koblenz und Basel die Schweiz von Deutschland trennt. Heute leben zwischen fünf und sechs Millionen Menschen am Ausgang des Pools; in Kinshasa spricht man von vier bis fünf Millionen, in Brazzaville von einer oder auch etwas mehr. Etwas Tiefes, Unergründliches hat der Graben dazwischen schon deshalb, weil es auch im äussersten Fall niemand versuchen würde, hinüberzuschwimmen. Er bekommt etwas Unheimliches, wenn man sich dies auf dem Zimmerbalkon des «Interconti Kinshasa» vergegenwärtigt. Per Telefon liess sich auch der Nil in Kairo bis vor zehn Jahren nicht ohne weiteres und nicht zu jeder Tageszeit überwinden. Doch hier funktionierten konventionelle Telefonverbindungen über den Fluss nur ein paar wenige Jahre lang. Vorher mussten alle Gespräche über Paris geschaltet werden, und heute gibt es nurmehr Funksysteme.

Getrennt sind die beiden Kongo schon lange. Der Graf Pierre Savorgnan de Brazza, ein friaulischer Edelmann in französischen Diensten, schloss 1880 am Nordufer einen Vertrag mit dem König Makoko, der die Hoheit über den Pool beanspruchte. Doch da war «Bula Matari», der «Steinebrecher», wie die Einheimischen den britischen Entdeckungsreisenden Henri Morton Stanley getauft hatten. Stanley hatte schon drei Jahre zuvor mit Ngaliema, dem mächtigsten Mann am Südufer, Blutsbruderschaft geschlossen. Der Unterlauf des Kongo war eines der vertracktesten Traktanden an der Berliner Konferenz von 1884/85. Die Kongolesen am Nordufer verdanken es Bismarck, dass sich Stanleys Arbeitgeber, der belgische König Léopold II, nur um den Preis einer klaren Grenze am Südufer zu behaupten vermochte. Ihre französische Kolonisation sollte

Makokos Untertanen viel ersparen, von dem massenmörderischen Zwangsarbeitssystem in Léopolds Kongofreistaat bis zu Mobutu Sese Seko Kuku ngbendu wa za Banga. Dass Makokos Pool den Namen Stanleys behielt und auch in Brazzaville der Hafen wie der Hafen Kinshasas «Le Beach» heisst, ist dafür kein hoher Preis.

Von jederart «Sicherheitskräften» gibt es an beiden Ufern unzählbar zuviele. Der Zoll hat sich in Brazzaville nie um viel geschert, und die Grenzpolizei gab in den letzten zwei Jahren jedes Visum an jeden, auch wenn die Bestimmungen verlangten, dass man unbedingt eines von auswärts mitbringen musste. Vielleicht wurde der Pass auch nur abgestempelt mit einem Vermerk, die Beantragung eines Visums rechtfertige sich nicht. Ganz unnötigerweise liess die aufgeklärte «Ethiopian Airlines» den Kunden ein Formular unerschreiben, dass er auf eigene Kosten zurücktransportiert werde. Seit Afrikas demokratischer Lockerung haben sich diesbezüglich die Zeiten schon wieder rückwärts geändert, wenn auch weniger einschneidend als um die Wende zu den neunziger Jahren in Richtung Zukunft.

«Morgen? Ein Flugzeug nach Nairobi?» Das war sie fraglos gewesen, die Kursmaschine vor drei Stunden, deren flugplanmässiger Verkehr nach soundsovielen Nachfragen über Zürich und Frankfurt ins Hotel der zentralafrikanischen Hauptstadt Bangui bestätigt wurde. «Ethiopian Airlines» gibt sich viel Mühe, die Passagiere einzusammeln, auch wenn es auf dem Hinweg ist statt auf dem Rückweg. Statt den dreieinhalb Flugstunden von Brazzaville nach Nairobi kann es eine kompliziertere Route sein: Brazzaville-Lagos-Lomé-Abidjan-Accra-Lagos-Nairobi vielleicht; bei der bestätigten Verbindung wäre mit 16 Stunden Aufenthalt im Flugzeug zu rechnen gewesen. Aber seit auf den Ost-West- und West-Ost-Routen beständig irgendwo Ausgangssperre ist, ausser in Brazzaville und in Lomé nun jüngst auch in Lagos, gilt nichts mehr. «Die Schweizer brauchen ein Visum! Et il faut le payer!»

Ein Stempel für 24 Stunden und dafür 250 Francs ohne Quittung – das geht aber doch nicht, wie sich tags darauf beim Antrag auf Verlängerung herausstellt. Ein Schweizer könne für diesen Betrag in Kongo zwei Wochen Ferien nehmen und der Polizist werde am noch am selben Tag gefeuert, verspricht der Chef der Grenzpolizei von Maya-Maya. Aber nein! Das war nicht die Meinung. Maya-Maya soll nur nicht so unfreundlich werden wie andere Flughäfen. «Morgen arbeitet er wieder», beschwichtigen alle. Auch Kongos Staatsbesoldete sind seit acht Monaten ohne Gehalt. «Ethiopian Airlines» kommt in einer Woche wieder, Monsieur.

Selbst während des Exodus nach Kinshasas grosser Plünderung vom Herbst 1991 gab es im «Brazza Méridien» Zimmer; jetzt nicht, das Hotel beherbergt zuviele einheimische Dauergäste. Vor zwei Jahren herrschten die frühen Morgenstunden der kongolesischen Demokratie, und das Chaos am Südufer wurde am Nordufer mit einem Lächeln suffisanter Herablassung quittiert. Im frankophonen Afrika haben sich nebst den französischen Weinen auch die Namen der europäischen Jahreszeiten zu etablieren vermocht, und in den vergangenen Monaten, die in Brazzaville «Sommer der Barrikaden» heissen, hat die Stadt Böses durchgemacht. Rund 9'000 Einwohner wurden aus ihren Häusern vertrieben. Der *multipartism* hat dabei auch gewisse Sparten von Sicherheitskräften erfasst und die Privatisierung gewisse Arten von Gefängissen. Für einmal folterten nicht in erster Linie die Schergen der Obrigkeit, sondern Oppositionelle – unter Führern, die lange Jahre in regulären staatlichen Gefängnissen verbracht hatten. «Wir haben davon genug!» heisst es von allen Seiten. Aber noch ist der Friede höchst fragil in der ehemaligen Kapitale von Französisch-Äquatorialafrika, wo de Gaulle als Oberhaupt der France libre 1940 sein erstes Hauptquartier aufgeschlagen hatte.

Von den beiden «Beaches» war noch vor einem Jahr «Brazza Beach» derjenige, wo von amtlicher Hand die Peitsche geschwungen wurde - buchstäblich: von Bevollmächtigten der Hafenbehörden, die auf den Landungsstegen mit dieser Bewaffnung den Scharen zairischer Kleinhändler gegenüber ihre Autorität zur Geltung brachten. Die kongolesische Verunsicherung hat solche Sitten etwas gemildert. David, der Taxifahrer, kauft in Brazzaville heute Benzin, das die Nachbarn in Zaire aus Opec-Ländern importiert haben und in Pirogen über den Fluss schmuggeln. Der eigene Treibstoff, aus dem der erdölfördernde Staat 85 bis 90 Prozent seiner Exporteinkünfte zieht, kostet mit 1.50 Franken pro Liter fast doppelt soviel. Während es am «Brazza Beach» wieder friedlicher und dankbarer zu und her geht, machen sich auf der zairischen Seite die starken Überkapazitäten bemerkbar. Schlägereien um Fracht und Gepäck bleiben diesmal aus, aber die zahlreiche uniformierte Belegschaft und das noch viel zahlreichere Hilfspersonal hat nur ganz hie und da ein vereinzeltes ortsfremdes Individuum abzufertigen.

Es ist ein Wunder, wie in dieser Riesenstadt nach bald drei Jahren ohne Behörden ein Alltag weitergeht. Aber im Hafen von Kinshasa wachsen doch spürbar die Schwierigkeiten für Reisende, die nicht in offizieller Mission unterwegs sind oder dank Zugang zu einer privaten Funkverbindung sich einen potenten Abholdienst zu arrangieren vermögen. Wo ist Le petit Pierre? Er war sonst immer am Beach. «Vorsicht! Moi, c'est le petit Pierre», vergass er die letzten Male nie zu betonen, «il faut faire attention au Beach, parce que là il y a aussi les grands Pierres!» Doch, nicht nur Simon, der Gepäckträger, sondern auch Le petit Pierre ist zur Stelle. Aber bei den letzten Plünderungen haben sie ihm sein Auto weggenommen. Seither vermag er noch unter Kollegen eines aufzutreiben, wenn ein alter Gast felsenfest auf seiner persönlichen Betreuung besteht. Im Verhältnis zur Bevölkerung dürften in Afrika etwa vierzig- bis sechzigmal weniger Personenwagen unterwegs sein als in den USA. Es mag daher rühren, dass sich der afrikanische Taximan, wie er auch in den frankophonen Ländern manchenorts heisst, stets über Wasser hält und dass auf ihn so gut wie immer und überall auch Verlass ist.

Von Westen nach Südosten dehnt sich Kinshasa gegen 30 Kilometer hin, auch von Norden nach Süden gut halb so weit. Der Flughafen Ndjili liegt weit ausserhalb. Auch dort fehlt es weiter an Passagieren und Arbeit. In Ndjili käme nicht sehr weit, wer sich schon auf dem Parkplatz die 120 Millionen Zaires für die Beamten – 240 wohlgebündelte 500'000er-Scheine im Wert von ungefähr 20 Dollar - schon auf dem Parkplatz abnehmen liesse. Der arme Gepäckträger, der nicht zum Zug kommt, fängt am ganzen Leib an zu schlottern, als seine Hand, am Gelenk gepackt, plötzlich in der Vestentasche des Reisenden stecken bleibt. Seine Kollegen lachen. Die Verspätung der Boeing von «Cameroon Airlines» beträgt weniger als eine Stunde, und sie schrumpft auf fünf Minuten zusammen, bis die Maschine in Nairobi aufsetzt.

Brazzaville, September 1993

Ostzairische Wegmarken

C'est quoi ce blanc?! C'est quoi ce blanc?!» empfangen die Kinderscharen den Spaziergänger auf der Avenue du Président Mobutu, die von der Corniche sanft zum Zentrum Gomas hin ansteigt. Die Motive des Besuchs sind nicht auf Anhieb ganz durchsichtig, und schon an der Uferpromenade unten war, was den etwas schlaftrunkenen Argwohn der zairischen Grenzpolizei zerstreute, nicht das neue Visum, sondern erst die Entdeckung der zwei alten vom letzten Jahr. «Er kennt uns bereits», sagt der Schreiber zum uniformierten Polizisten, «und auch die dort unten in Kinshasa.»

Es ist sehr schön hier am Kivu-See, aber langweilig, nichts für Abenteurer. Abenteurer, die alle – wie André Malraux irgendwo schrieb – einem Mythomanen entschlüpft sind, stellen andere Ansprüche, zumal an Wiederholungsfälle. Der Kollege des flämischen «De Morgen» flog aus anderen Gründen nach Hause. Er hat zu spät einen «copain» gefunden, mit dem er die geplante Reise gewagt hätte. Belgische Diplomaten hatten ihm zu bedenken gegeben, dass Kompatrioten seines Metiers in Katanga unten nicht willkommen seien. «Und im Kivu oben gibt es keine Geschichten», versicherte er in der rwandischen Hauptstadt Kigali. Er hatte recht – zumindest ein Stück weit...

Gisenyi unmittelbar an der zairischen Grenze ist im rwandischen Norden die einzige Stadt, wo die Armee noch eine Zivilbevölkerung verteidigt. Sicherung des Stammsitzes der Präsidentenfamilie ist nicht der einzige Grund, dass entlang der

Hauptstrasse nach dem sechzig Kilometer nordöstlich gelegenen Ruhengeri zwei grosse Militärlager placiert wurden. Die Strasse über Rutshuru nach Uganda ist unsicher, die über Bukavu nach Burundi in katastrophalem Zustand, und das Riesenreich im Westen ist zu Lande längst schon ganz ungangbar. Auch von Goma führte die Verbindung zur Aussenwelt während der letzten Jahre über Gisenyi nach Kigali. Der Arabica, der hier in der Höhe gedeiht, leidet im ostafrikanischen Kaffeegeschäft noch am wenigsten unter den angeschlagenen Preisen. Die Händler bringen die Bohnen per Camion zum Indischen Ozean – so auch Heinrich Peyer, der einzige Schweizer in Gisenyi, oder Carlo Regazzoni, der einzige Schweizer in Goma.

Am Kivu-See tut sich demnach nicht nur Zaire von hinten auf. Beim letzten Angriff der Rebellen des Front patriotique kam es nur in Rwandas nördlichem Zentrum Ruhengeri zu ausgedehnteren Kampfhandlungen, die von der Schwesterstadt Gisenyi aufmerksamer verfolgt wurden als in der Hauptstadt. Auf die ersten Artillerieeinschläge hin nahm fast die gesamte Bevölkerung Reissaus, woraufhin die rwandische Armee zuerst die ganze Stadt plünderte. Das Fussvolk machte auch vor den Häusern der eigenen Kommandanten nicht halt. Einige Zivilisten harrten aus, während die folgenden Tage von Viertel zu Viertel gekämpft wurde, und teilten ihre Vorräte abwechslungsweise mit Offizieren beider Kriegsparteien. Im Land der tausend Entwicklungshelfer hält sich auch persönlicher Besuch auf, und so gehören ins Bild zwei Italienerinnen, die in dieser Schlacht von Ruhengeri ihre ersten Eindrücke vom Kontinent sammelten.

In Gisenyi haben die aufgeregten Tage vom Februar wohl die meisten Expatriierten mit Familie, nicht aber Heinrich Peyer und seine Frau zum Abzug bewogen. Die blockierte Strasse über Ruhengeri ist nicht die einzige nach Kigali und weiter nach Tansania; und dafür, dass es weiterhin Wege gibt, sorgt nicht allein der Kaffee. Bei der reichen einheimischen Geschäftselite, die im neuen Mercedes oder Pajero unterwegs ist und in Gisenyi telefoniert, handelt es sich grossenteils um Tutsi, die bei den Rebellen des Front patriotique rwandais Gehör finden. Und was keinesfalls zu vergessen ist: In Gisenyi wird das Bier gebraut, das im übrigen Rwanda getrunken wird.

«Die Stadt von Goma zu neunzig Prozent zerstört», berichtete zu Weihnachten in «Le Monde» eine kleine Meldung von Agence France Presse. Im Norden erschraken Verwandte von Gomas Europäern. «Unruhen? Hier? Nein», das ist schon am Grenzposten berichtigt worden, «da müssen Sie unterscheiden. Plünderungen ja, Unruhen gab es nicht.» Auf den Strassen wird Unordnung geherrscht haben, und die Augenzeugen, auf die sich die Agentur berief, bedienten sich womöglich des Wortes «Verwüstungen». Einige Läden wurden in Brand gesteckt, die anderen – ausser den Apotheken – nur fast alle geleert, vor allem die der Asiaten und Libanesen. Die Garnison von Rutshuru war heruntergekommen, um sich den Sold zu holen.

Ob es bei diesem Durchmarsch einige Tote gab, ist unklar, die Darstellungen widersprechen sich. Hotels blieben unangerührt, mit Ausnahme des illustren «Guest-House Nyira» – «Chez Mitzi et Raouf». Dort waren, als die Garnison von Rutshuru kam, die Scherben schon seit einer Woche aufgekehrt, Fensterscheiben, Flaschen, Geschirr, Vorhänge und Tischtücher ersetzt. Den Abzug der Burschen mit den Streichhölzern und den Benzinkanistern hatte der frankotunesische Patron mit ein paar Hundertdollarscheinen erkauft. Es hatte sich nicht um «Fakire», unterernährte Soldaten Mobutus, gehandelt, sondern um Habenichtse der Stadt, aufgestachelt, wie Monsieur Raouf es sieht, durch militante Gegner des Staatschefs. Sein einheimischer Partner, der lokale Chef von Mobutus ehemaliger Einheitspartei, stellte an seinem Anwesen nebenan weder auf den einen noch auf den anderen Kehraus hin Schäden fest.

Die Korrektur einer französischen Agenturmeldung ist gewiss noch keine Geschichte. Ausserdem ist für den Augenblick die Gefahr wieder einmal gebannt, was allerdings nur sehr wenige weisse Frauen zum Bleiben bewegen konnte. Zur Abfindung der Truppen Nord-Kivus hat Gomas Geschäftswelt für den Februar den Betrag von 500'000'000'000 Zaïres zusammengetragen. Bei Heinrich Peyer in Gisenyi erkundigten sich Geschäftspartner nach Taschenrechnern mit mindestens vierzehn statt der elf Stellen jener, die sie in der Gegend bekommen können. Die Probleme, fünfhundert Milliarden – gegen 200'000 Dollar – in bar und nicht nur in einheimischer Währung, sondern in alten einwandfreien Noten bereitzustellen, fanden Verständnis bei den Militärs; im günstigen Fall war es mit einer Million Banknoten zu machen. Der Termin wurde acht Tage lang neu ausgehandelt, während die Grenze zu Rwanda so lange geschlossen blieb.

Das Geld wurde gegen die «verfluchten» Fünfmillionennoten des Solds eingetauscht – einige sagen zum vollen Nennwert der «monnaie maudite», andere raunen von einem kräftigen künftigen Profit. Zu wankelmütigen Kursen wird unter der Hand auch in Goma mit den von Mobutu in Druck gegebenen Noten ein bisschen spekuliert. Aber die Ostprovinz steht zu Étienne Tshisekedis Übergangsregierung und ihrem Bann, und noch wartet der grosse Haufen in einer Bank auf den Tag, an dem der Streit um die Hoheit über die zairischen Notenpressen, die in verschiedenen Londoner und Münchner Druckereien stehen, einstweilen geschlichtet sein wird.

Durch die Jahre der obligatorischen lokalen Partnerschaft ans alte Regime gebunden, mag hier eine Mehrheit der auswärtigen Geschäftsleute Tshisekedi ebensowenig wie seinen Kampf gegen die Inflation. Infolge der besagten Monatszahlung fiel der Dollar im Kivu um fast ein Drittel auf 2,5 Millionen Zaïres, während bei Mitzi und Raouf die Preise in Hartwährung raketengleich aufschossen. Im neuen Katanga unten haben Mobutus Getreue die Fünfmillionennote entschlossen in Umlauf gesetzt, und für einen «Kiyungu-Dollar», wie das «billet maudit» in Lubumbashi auf den Namen des Gouverneurs getauft wurde, waren Mitte März noch 50 US Cents zu haben. In riesige Körbe und Kartons verpackt, fliehen die alten unkontroversen Noten über den Hinterhof einer improvisierten flämischen Bank die abtrünnige Provinz, wo ausser den «Verfluchten» fast nur noch «Gorillas» aufzutreiben sind. «Les gorilles remontent dans la forêt», ging in Kinshasa vor gut einem Jahr ein geflügeltes Wort, das den Start der eigentlichen Hyperinflation ankündete. Die Rede war von den 50'000er-Noten, auf deren Rückseite eine Gorilla-Familie sitzt. Ihr Wert betrug nach der grossen Plünderung vom September 1991 noch 2,5 Dollar. Für 100 «Kyungu-Dollar» oder für 50 Dollar sind in Lubumbashi mit etwas Glück noch immer 4'000 Exemplare davon zu erstehen.

Es gibt Gründe journalistischer Art, den Grenzposten von Goma zu passieren, obschon einen die rückseitige Wegleitung der alternden Devisendeklaration verpflichtet, täglich mindestens 10 Zaïres, das sind 0,000'006 Franken oder sechs Zehntausendstelrappen auszugeben – bei einem Aufenthalt demnach von ungefähr 457 Jahren nicht weniger als einen Franken. Für ein Zaire-Visum flogen schon Korrespondenten von Nairobi nach Brüssel. Trotz dem Rekordpreis ist für Reporter ein solcher Schlüssel zu Zentralafrikas Sesam auf dem Kontinent nicht leicht zu bekommen, es sei denn in den angrenzenden Ländern. Ein neuer Höhepunkt der rwandischen Krise bietet bis jetzt die beste Gelegenheit, sie mit der zairischen zu kombinieren. Beim Grenzposten am Kivu-See unterbinden zwei Schachteln Zigaretten und ein paar französische Magazine jede Komplikation. Anders als in Kinshasa, auf dem Flughafen Ndjili oder am Beach, dem Flusshafen der Hauptstadt, wäre es hier im Notfall um einiges einfacher, die Absichten zu ändern und auf den Besuch zu verzichten. Wer in Goma hätte ein Interesse daran!

Heinrich Peyer sorgt für den Transport zu Carlo Regazzoni oder, da dieser stets auf den Pflanzungen ist, selten jedenfalls in seiner Villa am Seeufer, zu Madame Mitzi. Ist niemand da, auch nicht Jap Scoorl vom WWF, der zwischen den Vulkanen des Virunga die Berggorillas erzieht, dann geht man zu Fuss von Gisenyi nach Goma. In der Stadtmitte, auf dem Internationalen Flughafen von Goma, steigt man ins Flugzeug nach Kinshasa, nach Kisangani oder nach Lubumbashi.

Im strategischen Bergbaugebiet Katangas muss der Conseiller diplomatique beim Gouverneur persönlich die Erlaubnis für alle Überlandbewegungen eines besuchenden Journalisten einholen. Ein Papier, das die telefonisch erteilte Genehmigung bescheinigt, gibt es nicht, und so behält die unumschränkte Freiheit, die Mobutus Statthalter zusichert, etwas Ambivalentes. Wer aber schon in Goma plötzlich konstatiert haben sollte, er wollte eigentlich doch nicht nach Zaire, bleibt in Lubumbashi im Flugzeug sitzen und steigt erst in Johannesburg aus, oder er wählt eine der Destinationen, die er von Goma aus ohne Umsteigen in vier weiteren Ländern erreicht.

Goma, März 1993

Andere Begegnung

Er hat drei oder vier Kilogramm Handgepäck, und damit erscheint er am Ausgang des Flughafens in vorderster Front. Das ist kaum der einzige Grund, warum er schon morgens um sieben so aufgeräumt lächelt. In Kileleshwa, an der Olekejuado Road, ist er der erste Gast, der das «Sir» des Butlers erwidert, und das ist angemessen. Mzee Wahome, der House Keeper, der lange ein Butler war, ist heute eigentlich keiner mehr. Die Frage kommt mir erst später, mit welchem Wundermittel er sich gegen alles Umständliche imprägniert hat. Unter seinen Talenten liegt darin vielleicht eines von denen, die am seltensten anzutreffen sind, und mit einer geringeren Portion davon hätte er aus mancher anderen Gabe vielleicht nicht gleichviel gemacht. Im Augenblick will er zuerst viel wissen, was einen in Afrika an allgemeineren Gedanken beschäftigt, über den Kontinent und die Weltordnung, den ganzen Vormittag, bis ich mich erschöpft fühle. Er flog die Nacht durch, und darum schlafen wir am Nachmittag etwas. Nur den Hauptbahnhof will er noch heute sehen und die Post, die ja gleich daneben steht. Am Abend ereignet sich ein Wolkenbruch, ein afrikanischer, wie er ihn zuvor nicht erlebt hat. «Also bis jetzt haben wir doch schon allerhand beisammen», sagt er in der Veranda des alten Norfolk Hotel zufrieden.

Wir reisen am nächsten Tag weiter. Zum Abschied springt der Hund an ihm hoch, der mit ihm ansonsten gar nichts zu schaffen hat, und deckt ihn ein mit dem Schlamm der Regennacht. Knapp hat er davon Notiz genommen, ehe er es sogleich vergisst, und mit einem kurzen Blick an sich hinab weist er darauf hin, so beiläufig ungefähr, wie er unterwegs zum Kenyatta Airport erkennen lässt, dass ihm auch jenes Vermächtnis Westminsters nicht entgeht. «The General Railway Direction», spricht er die Worte des Taxifahrers nach, «very stately», brummt er gemütlich. Eine Frau vermutlich hätte ihn morgen daran erinnert, dass es für Hose und Hemd im Sun-Set Hotel in Jinja eine Wäscherin gibt. Doch er hat Recht, es erübrigt sich, die Schlaglöcher unter den Rädern haben es ausgeklopft.

Seinetwegen, glaube ich, bräuchten sie nicht deutsches Fabrikat zu sein, die 86jährigen Maschinen der ugandischen Papierfabrik. Aber dem technischen Leiter der Fabrik gefällt das. Sicher, er hat persönlich die Reise nach Deutschland gemacht und sich umgeschaut nach Ersatzteilen. Er kann seine Geschichten erzählen, und er fragt weiter um Rat, denn schliesslich sind wir mit einem Brief eines Beraters der Firma in Nairobi gekommen. Er ist ein ungemeiner Mann, der schwarze weissbärtige Ingenieur, wie er das Lachen Jupiters lacht und sich vorstellt, nebenbei hätte er zu Hause im Hof einen Daimler stehen. Die beiden verstehen sich prächtig, und ein wenig tut es fast weh, wie sie Aufwiedersehen sagen. Daheim im Norden heisst es von ihm, er mag keine Gäste, die nicht mehr gehen. Hier sind wir ein Weilchen geblieben und müssen doch zu bald weiter.

Auf der Nordbank des Victoria Nile, im Murchison Game Park, finden wir im Gewirr der sich dutzendfach kreuzenden Buschsträsschen nicht sogleich den kürzesten Weg zur Hauptstrasse. Alle Jahre dreimal werden hier einige verspätete Rebellen gesichtet. Die Angst des ugandischen Fahrers, der davon genug bekam, steckt ihn nicht an. An der Gegend ist weiter wenig Besonderes. «Auch hier, erstaunlich wenig Giraffen», murmelt er gedankenversunken. Er sagte es schon, er hält wenig von Nervenkitzel, was nicht heisst, dass ihm alles Waghalsige abgeht. Zum Beispiel hat er keine Zeile Lektüre in seinem Gepäck.

Hat sonst jemand etwas zu lesen, liest er dem alles weg, und in der Bar des Speke Hotel liest er die ugandische Tageszeitung «New Vision», wie es sonst keiner tut. Er liest alles, von der ersten bis zur letzten Zeile. Am liebsten spräche er wahrscheinlich beliebig lange mit allen, und es scheint fast, es gäbe eigentlich nichts, worüber er nicht gerne spräche. Vom Begleiter will er nach einigen Tagen auch wissen, ob er in Afrika leben kann, ohne es mit einer afrikanischen Frau versucht zu haben. Er ist Poet, und einmal bemerkt er, dass ihn «Wollust» ein gutes Wort dünkt. «Denn wir wissen dir Alles», verhiess der Gesang der Sirenen dem Odysseus, «alles, was irgend geschah auf der vielernährenden Erde», und überhaupt ist seine Neugierde noch viel stärker als er.

Es ist menschenunmöglich, ihm zu folgen, bei der Geschwindigkeit, mit der er an der Hotelrezeption das Meldeformular ausfüllt. Dass er sich einmal langweilt, sogar das ist denkbar, da wir bereits dabei angelangt sind. Man muss ihn sich nur dabei vorstellen, wie er merkt, dass er auf der Stelle nochmals zwei Dutzend solcher Formulare ausfüllen müsste oder dass eine andere Pflicht sich nicht unter einer gewissen Zeitspanne vom Hals schaffen lässt. Ist es nicht in seinem Geschriebenen ebenso, dass von der Ankunft mehr bleibt als von den Erinnerungen an die Strecke dahin, von den Erinnerungen an die hinhaltenden Tankstellen und an all die Roadblocks mit ihren Ausweiskontrollen, an die verwaschenen, unleserlichen Wegweiser oder auch von den Erinnerungen an die Lappalien der Seekrankheiten?

Womöglich geschieht es bei ihm doch um der Luft und nicht in jedem Fall um des Geistes willen, wenn manche Materie im festeren Aggregatszustand transpiriert. So bleibt nicht alles die ganze Zeit an ihm kleben. Dank einer Fügung von Umständen hat ihm, bei seiner Unrast und Aufmerksamkeit, das Problem der Verteilung nicht den Atem der Produktion geraubt. Und wenn es nicht schon zu spüren war – er lässt sich halt einfach gerne und ohne viel Umstände auf vieles ein, und deshalb nicht auf so vieles, wenn es ungefähr neunhundert Seiten lang ist, und auf etwas Viertausendseitiges, sagt er, lässt er sich nicht einmal ein, wenn es in der Geschichte nicht nur das einzige seiner Art ist, sondern nicht einmal dann, wenn es überhaupt in der Geschichte das Beste ist. Er ist es nicht, der das nachprüfen geht.

Jetzt fahren wir überland, und im Auto ist etliche Stunden Zeit, bis wir eintreffen. O nein, man muss sich nicht fürchten, dass einem der Stoff ausgehen könnte. Er lässt andere ausreden, und wenn sie schweigen, dann redet er selber. In den Gesprächen mit der Distriktregierung von Arua ist das sehr angenehm, und es wird alles ruhiger, wenn man die Interviews für einmal nicht alleine zu führen hat. Ihm wird schon etwas einfallen. Hie und da spricht er weiter, wenn Einwände ausbleiben. Dann kommt er gerne auf Eindrücke und Fragen zurück, oder ein aufgegebenes, längst vergessen geglaubtes Gespräch von vorgestern kehrt wieder. Vor zwei Tagen haben wir im östlichen Zaire Herrn Popol besucht. «Popol – Popol – bitte kommen!» Der Name hat einen unauslotbaren Klang, und wie der Lenker des Wagens Funkverbindung zu Popol sucht, kommt ein bestimmtes Gefühl dafür auf, dass man im Kongo ist. Die Stimme meldet sich: «Bonjour, ici Popol, wer ruft?» Lässt er sich auf eine solche Art von Magie noch ein? So ausgeschlossen ist nicht einmal das. Und der Mann, der so heisst? Der gebürtige Kongobelgier und, wie alle ihn nennen, der «wahre Bürgermeister von Goma»? Kein einfacher Posten dort, in der Verwaltungshauptstadt der Communauté économique des pays des Grands Lacs, gewiss kein einfacher Posten. Er ist kein Journalist, und bis zu seinem Abflug nach München wird er mit Popol nicht ganz zum Ende gefunden haben.

Nicht alle Fragen schneiden wir an, obwohl die Abende lang sind in Afrika und die Bürgerkriege allein sie nicht zu füllen vermögen. Trennen Umberto Eco und Nelson Goodman mehr als Nuancen in der Frage, was ein Musikstück ist? In der Frage, ob es die Menge aller wirklichen, vorgefallenen Interpretationen ist oder die Menge aller möglichen Interpretationen? In der Frage, worin diese beiden Mengen sich unterscheiden, und dies mehr oder weniger grundsätzlich? Zweifellos hätte er gerne und mit ganzem Elan sich das alles noch einmal von vorn überlegt. Aber es muss nicht unbedingt diese Probe aus dem zeitgenössischen Universalienstreit sein. Bob Dylan und die uralte Frage, ob der Text eines Liedes ohne den Vortrag dasselbe Gedicht ist, rumoren in ihm, dass man es in den paar Tagen mehrmals hört.

«In Ihren Schuhen möchte ich stecken», sagt ein ugandischer Schriftsteller beim Bier in der Bar des Speke Hotels in Kampala, und Crispus, unser Begleiter, verweist ihn nach Arua, wo das andere Paar im Dunkeln zurückblieb. Seitdem wir uns zum erstenmal vor Tagesanbruch aufgemacht haben, besitzt er von zwei Paar Schuhen nur mehr das eine. Am Flughafen von Bujumbura überreicht er dem Grenzpolizisten den Pass und geht weiter. Für die eigene Person kann er gewisse Gefahren bergen, desgleichen wenn er – in seiner weitsichtigen Art – durch geschlossene Glastüren gehen will. Da sollten schwarze Vögel oder etwas anderes aufgeklebt werden. Doch diesmal ruft ihn jemand zurück, und so ist er amtlich einstweilen identifizierbar geblieben. Jetzt klingelt das Telefon in seinem Zimmer drüben vergeblich, und als ich hinüber gehe und anklopfe, bleibt alles still. Schickt es sich zu beharren? Es ist zehn Uhr vorbei. Was hätte ich von der Wahrheit ahnen sollen! Auf seinem Balkon stand er! Diesmal war er es selber gewesen; der Mücken halber hatte er die Schiebetür ganz zugezogen, dergestalt dass sie von aussen nicht mehr zu öffnen war. Was mag er gedacht haben? Draussen in der rwandischen Nacht mit Blick auf den Kivu-See?

Man sagt, dass im Kivu-See Schwimmen gefahrlos ist. In dem dunklen, umwaldeten See am Fuss der 4000 Meter hohen Virunga-Vulkane sind Gase am Werk, und vielleicht stauen sie sich irgendwo in den zerschründeten Tiefen zu gefährlichen Glocken, die eines Tages sich losmachen und kompakt nach oben gelangen könnten. In Kamerun hat ein solcher Gasaustritt einmal ganze Dörfer ausradiert. Hier soll es dank diesen Gasen den Pärchenegel nicht geben, den Erreger der Bilharziose. Sonst weiss man wenig Genaueres. Anzusehen ist dem ruhigen Seespiegel nichts, bis auf eine Bucht drüben in Goma, wo eine Tafel aus dem Wasser ragt und an dieser bestimmten Stelle vom Baden abrät.

Doch um all dies ging es ihm nicht, als er tags zum Baden keine Lust hatte. Das erfrischende Nass, dem er lieber fernblieb, braucht für ihn weder perfide winzige Biester noch Monstren zu bergen. Es tut es ganz von alleine – war es nicht schon für Laotse stärker als jeder Granit? Es ist ein träges, ein schweres Element. Beinahe verändert es die Gesetze des Raums, und mit seinen ungeheuren Kräften kehrt es alle Richtungen in eine einzige Richtung: hinunter. Mir war es stets genau umgekehrt ergangen. Ich komme zwar aus den Bergen, was in Afrika Vorteile hat, aber noch immer geschieht es mir nicht unter Wasser, sondern über dem Boden, dass ich mich plötzlich dem Erdmittelpunkt wesentlich näher fühle. Für ihn dagegen verhält es sich am dramatischsten mit dem Meer, einem unerhörten, einem grässlichen Ding. Das Meer – womit hätte man es vergleichen können! Mit gutem Grund war es von der Feste getrennt worden, denn erschaffen war es, einzig um die Welt zu verschlingen, zu verschlingen fast wie das grosse Schiff, das einst so neu und nobel in den Abgrund schoss.

Einmal auf dem Trockenen, mögen die Unterschiede gering erscheinen. Im Reich der Seetiere, dem alles Landleben entstiegen ist, bleiben sie gross. Ein Schweizer Freund kann seinen ganzen mächtigen Brustkorb mit Atemluft füllen, und dennoch, obschon ein leidenschaftlicher Schwimmer, geht er, wenn er untätig ist, unter. Ich – eine Tonne fast ohne Beine – kann beim besten Willen nicht sinken, und selbst das nur, wenn ich den letzten Sauerstoff aus den Lungenspitzen presse, mich ganz energisch zusammenkrümme und noch dann im äussersten Fall höchstens im Süsswasser. Nein, das möchte er nicht, im Meer auf dem Rücken liegend einnicken können, wie es mich bei gutem Sonnenschein mehrere Male erwischt hat. Wie ein eingeweihter Franzose gesagt hat, sind wir aus vielen Dingen gemacht, die uns nicht kennen, und er glaubt mir in diesem Punkt nicht ein einziges Wort. Angesichts des Wasser ist er fest und unerschütterlich wie ein Fels, und er glaubt mir nicht, dass sein spezifisches Gewicht eine Spur zu hoch ist, nein, es kann nur am Wasser liegen, dass sein Volumen ein bisschen zu wenig verdrängt. «Ja gewiss», sagt er, da ich beharre, «es gibt schliesslich auch die Levitation, das ist das freie Schweben des Körpers im Raum.» In der Luft, wollte er offenbar sagen, und keiner zweifelt, dass er selber viel lieber spontan die Schwingen ausbreiten und hoch – wie Robert – empor in die Lüfte steigen würde und fliegen und fliegen.

Aber das ist ja alles aktenkundig, seine Lieben zum Leichten, zu Diderot etwa, und «Jacques le fataliste» ist ein Buch, das er gerne geschrieben hätte, keiner plaudert da etwas aus. Ist er nicht insgeheim doch von jeher ein leidenschaftlicher Tänzer? So leicht wie es ihm immerfort geht? Selbst der alte Eléctrico, Lissabons hundertjährige Trambahn, hebt in seiner Hand zu tanzen an, während sie in der Wirklichkeit wie ein mittlerer Felssturz über die steilen Stiegen der Alfama herabdonnert. Das Beben, in das sie alle zwölf Minuten das halbe Viertel versetzt – dämpft es sich zwischen den Deckeln seiner Bücher nicht etwas ab?

Nicht alles unter diesem wenigen hier ist allein ihm zuliebe zusammennotiert. Nicht jeder Gemeinplatz wird ihm gerecht, nicht jeder eignet sich zu seiner Würdigung, und einiges verdient Erwähnung, nur weil es viele gibt, denen er darin ein Vorbild sein könnte. Er schläft gerne genug, und dafür ist es ihm anzusehen, wenn er wach ist. Was hätte er da anderes gewollt mit den tauben Blumentöpfen voll Lob, als sich an einem klingenden Punkt des Einspruchs zu freuen? Es wäre so oft zu schön, ihn zu finden. «Das Wort ‹schwer› ist leicht», hat er selbst festgestellt und niedergeschrieben. Hört er dennoch etwas zum dreihundertsten Mal nochmals, dann wird er manchmal auf eine schöne, ganz einfache Weise ernst, und besorgt ahnt man sogar einmal etwas von einer Müdigkeit, die ihn befallen könnte, wenn jemand blind auf ihm herumhackt und er sich nicht entziehen kann. «Weisst du», sagt er dann wieder einmal, fast als hielte jemand zum eigenen Schaden noch immer am Gegenteil fest – «weisst du, es gibt vieles, was du an dir niemals ändern kannst.» Vielleicht hatte er den Komfort, dass er es nicht allzu häufig zu tun brauchte?

Hat einer mit seiner Herkunft mehrere Brüder, wie er sie hat, dann ist davon leicht einer Pfarrer. Wäre es so in seiner Familie, dann dächte man vielleicht daran, wenn er einem einschärft, welches abgründige Misstrauen er hat gegen all den zeitgemässen französischen Tiefenschwindel. Man soll es ihm nachtun dürfen, wenn er selber sich in diesem Punkt ab und zu wiederholt, und von den unterschiedlichen Gelegenheiten, bei denen er es tut, ist dies vielleicht eine der geeigneten. Sagte er es nicht schon, dass er jenen Konnex von Gewässer und Tiefe der Wechselseitigkeit verdächtigt? Ja, und dass er sich beim Schwimmen so schlüssig und bindend benimmt wie sonst nur ein Pflasterstein?

Hat zu guter Letzt auch darin die Übung den Meister gemacht? Oder will er am Ende doch nicht jede Welt und nicht alles an ihr dekonstruiert und in Säuren gelöst und im innersten Kern ausgehöhlt wissen? Muss es bei ihm doch nicht mit allem unausgesetzt problematischer stehen und schlechter, als es damit bereits steht? «Oh, ich dachte, Mylord, Ihre Yacht sei etwas grösser, als sie ist», bemerkt der Gast zur Begrüssung. «Nein, Mylord, ich bedaure», versetzt der Gastgeber, «wie Sie sehen können, Mylord, ist meine Yacht nicht etwas grösser, als sie ist.» Wie er im Taxi in Kigali – noch schreiben wir 1992 – darüber herzhaft lacht, da kommt mir zum zweitenmal jene ganz andere Frage, die ich nicht mag. Was für eine Welt müsste das sein, mit der einer wie er sich ganz überworfen hätte? Es ist eine der sonderbaren Fragen, wie sie – vom Himmel herab – die Leute gelegentlich treffen. Man legt es mit einem vagen Schrekken beiseite, damit man darauf nicht zurückkommt.

Jetzt, zwanzig Minuten nach dem Abbruch meiner vergeblichen Suche nach ihm, der draussen auf dem Balkon über etwas mir Unbekanntes nachdenkt, steht er wieder im Haus und erzählt fröhlich, dass in dem fast leeren Hotel das Zimmer neben dem seinen natürlich belegt war und der Nachbar im gerne zuhilfe kam. An Afrika ist das ein Vorteil, dass dafür keine grosse Portion vom Glück des Tüchtigen nötig ist. Allein schon dem Putzpersonal zuliebe – aber die Gründe sind zahlreich – verteilt man in Afrika die acht Gäste nicht auf die acht Ecken des überdimensionierten Kastens europäischer Bauart. Einiges kann sich dadurch erleichtern, wenn nicht alle um jeden Preis auseinanderstreben. Wenn alle näher zusammenbleiben, kann das die einen auf Einfälle bringen. Mit seinem Suppenlöffel schöpft Crispus sie direkt von der grossen Schüssel zum Mund. Es sind, kurz gebrüht und leicht geröstet inzwischen, die fliegenden Ameisen, die eine Stunde zuvor in der frühen Dämmerung für diesen Grossbetrieb gesorgt haben, besonders lebhaft um die Laternen vor dem Hotel mit den paar zahlkräftigen Essern. Sämtliche Frauen mit sämtlichen Kindern haben auf der Strasse die Ameisen eingesammelt, und die Farbenpracht der ugandischen Kleider hat er vom ersten Tag an bewundert.

Am nächsten Tag ist auf der Rückreise wieder viel Zeit im Wagen, und ich habe ihm doch etwas zu gestehen. Leider gab es in diesem Hotel kein Telefon, wo jemand nach ihm hätte verlangen können. Doch hätte er aus anderer Ursache den Speisesaal kurz verlassen ... – ich glaube, ich hätte aus Crispus'

Schüssel gekostet. Es bestand kein Anlass zu Rücksicht auf ihn. Aber es war einer der ersten Abende, und eine Hemmung, mich in eine Pfadfindermutprobe zu verstricken, hielt mich zurück. Vielleicht war es aus Pietät, dass er sagte, ihm seien ganz ähnliche Gedanken gekommen. Aber er vermag an sich zu halten, auch in der grossen musikalischen, mitreissenden Bierschwemme Afrika. Der massvolle Aristoteliker, als der er sich – es sei denn am Wasser – von morgens bis abends erweist, hält es auch bei den Leviten mit einer gemilderten Fassung: «Ihr müsst», steht dort, «nicht unrecht handeln mit dem Hohlmass.» Stimmt, er muss es nicht.

Er selber kam darauf öfter zurück, und einmal sagte er, er habe das mindestens dreimal weitererzählt, wie er an seinem ersten Abend in Afrika die Videokopie einer Sendung aus den sechziger Jahren zu sehen bekam. Da diskutierte Adorno mit vier Gehilfen über Samuel Beckett und über die pragmatischen Umstände der Entstehung von «Warten auf Godot» und dergleichen, schwarzweiss und moderiert noch ganz anders als heute. Ich verscheuche den dummen Gedanken, hier in Afrika könnte das heute vielleicht fast etwas afrikanisch anmuten. Die Leute im Inneren des Bildschirms kommen nicht auf die Frage, was sie da weit von zu Hause in diesem Wohnzimmer verloren haben. Aber aus meinem Heim an der Olekejuado Road ist diese Frage nicht endgültig zu vertreiben. Worauf hat der Musikpriester Fela Kuti in einem Frankfurter Bildschirm gefasst zu sein? Wie findet das Lagos Pidgin aus Felas Shrine von Ikeja hinaus in die Welt?

Zwischen all den Betrachtungen zu den angolanischen und den somalischen Kriegen braucht wohl jeder ein persönliches Album mit Erinnerungen anderer Art, und eine liebe Episode gehört zu dem, was ich nach Afrika mitnehmen musste. Es war einmal ein Mathematiker und Philosoph, in dessen Vorlesungen stets fünf Hörer sassen. 25 Jahre oder mehr hatte er an der Grundlegung der Arithmetik gearbeitet, und er trat ins Greisenalter ein. Als sein grosses Buch schliesslich erschien, erhielt er den Brief eines jungen Briten, der mit dem Nachweis eines Mangels sein Lebenswerk aus den Angeln hob. Gottlob Frege hiess der Mathematiker und Philosoph, und der junge Brite hiess Betrand Russell. Frege reagierte auf die Entdeckung mit intellektuellem Vergnügen. Ich glaube, ich wäre in den zwei Wochen der kleinen Reise nicht darauf zu sprechen gekommen. Er war es; schon am Tag seiner Ankunft fragte er, ob ich darum wüsste.

Er ist überzeugt, dass Rauchen nur bei nachteiliger Konstitution schädlich ist, und was ihn als Mittsechziger angeht, so wird er zweifellos neunzig. Bis jetzt deutet nichts darauf hin, dass er nach einem Biographen sucht. «Du meinst, er hat das Wunder geschafft und ist es geblieben – ein ganz grosser Bub?» Ich habe keine Antwort auf die Frage von Franz, dem deutschen Kollegen, und bin erschrocken, dass ich dazu offenbar sollte den Anlass gegeben haben. Oder erlebe ich jetzt am Ende, wovon er mir bereits zweimal sprach? War das jetzt soeben dieses goldige Wort, das ihn hier in Hamburg wieder einmal ereilt hat – das goldige Wort vom «zornigen jungen Mann»? Muss mir, mit meinen vierzig Jahren, die Unzertrennlichkeit von Mensch und Markenzeichen nicht doch noch ganz unbekannt sein? Hätte ich zu Franz besser gar nicht von ihm gesprochen? Aber nicht doch, geht mir rechtzeitig ein Lämpchen an. In der Verwirrung geht alles recht schnell, und es entgeht mir, welchem Reflex ich es zu danken habe, aber mit ihm jedenfalls kann die Frage nach jenem Wunder nichts zu tun gehabt haben. Franz, der die Frage gestellt hat – da steht er mit einemmal vor mir, zweiundfünfzig, gewichtig und alt, und wie er, schon Urzeiten bevor ich ihn kannte, restlos ergraut sein musste. Und ist nicht Franz, wie alle es sagen, ein grosser Bub geblieben? Da packt er jetzt die Gelegenheit und streckt die Hand aus nach einem grösseren Bruder ...

Was tut er da mit den Papieren auf seinen Knien? Richtig, er sitzt mit sich in der Schule; seine Lippen bewegen sich, und für einige Augenblicke denke ich, jetzt hat er mich so weit, dass ich nie im Leben ein Buch von ihm negativ rezensieren könnte. Soeben hat mich auch der Hauch einer Ahnung gestreift, zu welcherart Mitteln er nebenbei greift, wenn er so etwas schreibt wie die «Litanei des Es». Auf einem Blatt hat er die Namen von Afrikas 53 Ländern eingetragen und rechts daneben die Hauptstädte. Jetzt deckt er die rechte Hälfte mit einem zweiten Blatt Papier ab, und Zeile für Zeile arbeitet er sich durch die Liste hinunter. Ich merke, dass ich es nicht werde für mich behalten können.

Auch ihn selber werde ich in irgendeiner Form daran erinnern müssen. Zudem, gestehe ich, war da noch etwas, das ich ja nur zeitweilig vergessen hatte, weil es so schnell gegangen war, und da sich diese Aufzeichnungen jenem Ernst, der von Ehrfurcht kommt, nicht beständig und konsequent entziehen können, so will ich das an dieser Stelle einfügen. Für dieses eine Mal erlässt er es nicht, dass ich aushole. (Warum auch sollte abschweifen in Afrika untersagt sein.) «Dickschädel!» liebkost er mich, nicht ungern und beinahe etwas beharrlich. Ist daran nicht am Ende etwas Leichtfertiges, so geschwind wie er stets die Prinzipienreitereien ertappt haben will? Dabei braucht man ihm unter Umständen gar nicht erst zu widersprechen, damit sein ganzer Schwung sich unversehens in Standvermögen umwandelt, damit das Behende in seiner Art eine Notfallbereitschaft zur kognitiven Brachialgewalt erahnen lässt. Es gibt nämlich gewisse Dinge, und da duldet er keine Verklärung. So nennt er zum Beispiel seinen Motor geradewegs Ehrgeiz, und zum Beispiel weiss er auch soviel, dass von aller Kritik die Selbstkritik am wenigsten Überwindung kostet. Man muss dazu nicht allererst einen an sich doch fremden Mitmenschen vors innere Auge zerren, denn selber ist man bereits zur Stelle. Er ist in diesem Punkt manchermann um Meilen voraus, und es kann sich in solch einer Angelegenheit nicht gut anders verhalten haben, als er es sagt. Demnach befand er sich selber einst unter den ersten, die darin, in seinem Ehrgeiz, das Krankhafte aufgespürt hatten. Was, falls es Leute gibt, denen nichts bleibt ausser sich zu kurieren? Wenn ein Defekt für einmal – wie in Afrika die meisten – nichts weiter als seine Behebung erzwingt?

Was ist dazu mehr zu sagen? «Fehlen, ohne sich zu bessern, das», so sagte Konfuzius, «nennt man Fehlen.» Dazu ist mehr zu sagen, ich verspreche es, denn beim Abendessen bricht ihm, im Hotel am rwandischen Ufer des Kivusees, ein Backenzahn auseinander. Er erwähnt es und hält die eine Hälfte davon zwischen zwei Fingern. Wer hat für den Fall nicht unverzüglich eine Offerte der Anteilnahme bereit, eine lebhafte Erinnerung an ein eigenes, ganz ähnliches Missgeschick und an den folgenden zweiwöchigen Muskelkater in der Zungenwurzel ... Als mir vor Jahren in der Westsahara dasselbe passierte, vermochte ich am ersten Abend kaum einen Gedanken zu fassen, geschweige denn festzuhalten. Noch am Morgen darauf führte ich die Interviews deutlich konfuser als sonst. An der Bewegung seiner Lippen ist zu erkennen, dass er mit der Zunge noch einmal zur Unfallstelle zurückkehrt – ganz kurz bloss und auch jetzt mit nicht mehr als drei oder vier Kilo Gepäck. Ein Lächeln huscht über sein Gesicht, ungefähr so vielleicht, als hätte sich beim Anblick eines gerissenen Schnürsenkels eine überraschende Assoziation eingestellt. Es ist zu unwahrscheinlich, dass er sich daran erinnern wird, denn nur das Bild ist einen Augenblick stehen geblieben. Er selber ist längst wieder mit Leib und Seele beim Thema, und in all den folgenden Tagen kommt es nicht wieder vor, dass sein verabscheuenswürdiger Backenzahn sich noch ein einziges Mal einmischt.

«Entschuldigen Sie, dass ich Sie nicht sogleich erkannt habe», hat der junge Mitarbeiter eines katholischen Hilfswerks gesagt. Überhört haben kann er es nicht, denn er hat es nicht gehört, und der Mann des Hilfswerks findet keine Zeit, sich daran zu erinnern. Er hat tatsächlich etwas von einer Autorität, und ich erinnere mich, wie ich selber beim ersten Mal mit klopfendem Herzen an seiner Wohnungstür klingelte. Das hatte er abgedreht, diese gewisse Nervosität, ich weiss nicht wie, aber in zwei oder drei Sekunden drehte er es vollständig ab. Afrikaner gibt es wahrscheinlich nicht mehr als eine einstellige Zahl, die ihn am Namen erkennen. Monsieur Alisoana Raharinarivonirina? Auf Madagaskar sind die Nachnamen Sätze, und man neckt sich mit deren Bedeutung: vielleicht «der, welcher auf dem Heimweg ein Kaninchen gefunden hat». Alisoanas Nachnamen hat auf achtzehn Buchstaben immerhin neun Vokale. Trotzdem merkt man sich in Alisoanas Umgebung die Nachnamen oft nicht. Sein deutscher Nachname hat ein Dutzend Lettern, nur einen Buchstaben weniger als ein Wort wie zum Beispiel «Sonnenaufgang», und davon sind bei ihm acht Konsonanten. Der Vokal ist alle vier Mal der gleiche. «Wie hast du gesagt? Razanbarstar? Wanzasbargar? Arnzansbakar?» Crispus, mein lieber Freund in Kampala, schaut mich ein wenig zweifelnd an. Mr. Magnus – «good morning Mr. Magnus», «good night Mr. Magnus» oder «thank you, Mr. Magnus», ja, das mag gehen.

Nairobi, März 1994

Kivu mon Amour I

Bienvenu au Zaïre!» und da gibt es keine Frage: Wer liebt es nicht über alle Massen, dieses grosse und wundersame, liebenswerte und unheimliche Land, wenn er einen westlichen Grenzposten dessen, was vom alten rwandischen Staat übrig ist, hinter sich hat ... Vielleicht spricht aus dem Gesicht eine Art von Entspannung, an der sich nicht einmal der hungrigste zairische Polizist mit seinen legitimen, aber dennoch ungesetzlichen Forderungen zu vergehen traute. In diesen Tagen ist ein solcher Ausdruck von Unantastbarkeit nicht vonnöten. Am zairischen Posten findet sich jeder ortsfremde Rückkehrer mit der gleichen innerafrikanischen Herzlichkeit willkommen geheissen. Gründe dafür gibt es einige, und unter den westlichen Nachbarn der rwandischen Massengräber rangiert dabei die Neugier auf Nachrichten von drüben eher an letzter Stelle. Sie wissen längst selber zu gut Bescheid.

Die zairische Grenzstadt Goma ist kaum wiederzuerkennen. Vor eineinhalb Jahren war auch sie vom eigenen Militär geplündert worden, worauf sich in den Strassen für Monate eine bedrückende Feiertagsruhe niederliess. Der Verkehrsstau, dem sie gewichen ist, hätte die kühnste Phantasie überfordert. Auf Gomas Internationalem Flughafen, der mitten in der Stadt liegt, versichern Piloten, sie selber seien es, nicht umgekehrt, die regelmässig den Kontrollturm warnen: «Vorsicht! Leute auf der Landebahn!» Man hätte es nicht zu glauben vermocht, welche Dichte der Flugbewegungen allein die Logistik für eine 2500

Mann zählende französische Eingreiftruppe heraufzubeschwören vermag. Der rwandische Genozid hatte in der Nacht vom 6. zum 7. April eingesetzt. Der Station Manager einer der vielen privaten Lufttransportgesellschaften, die sich derzeit in Goma lukrativer Sonderverträgen erfreuen, blättert in seiner Agenda zurück und wird fündig: es war der 19. Mai, als in Goma zum letzten Mal eine Cargo-Maschine von «Egypt Air» aufsetzte. In Ägypten hatte das Regime Juvénal Habyarimanas vorletztes Jahr etwa die Hälfte seiner umfangreichen Waffenbestellungen getätigt, laut einer amerikanischen Menschenrechtsorganisation mit der Garantie einer Bank in französischem Staatsbesitz – dem «Crédit Lyonnais».

Die rwandischen Nachbarn haben in Goma auch dafür gesorgt, dass nach Jahren jeder mit einemmal eine Beschäftigung fand. «Glauben Sie, sie werden sich da drüben noch lange schlagen?» fragen zwischen den Getreidesäcken am Flughafen die einheimischen Hilfsarbeiter des Internationalen Komitees vom Roten Kreuz. In der Frage klingt Hoffnung. Doch die Gefühle sind gemischt. Fast ebenso gross wie die unverhoffte materielle Erleichterung ist die Sorge, dass mit ihrem Chef Mobutu auch seine unbezahlten Schergen durch den französischen Durchmarsch nach Rwanda wieder zu Kräften kommen, und dass bald sie es sein werden, die sich vom Boom in den zairischen Grenzstädten den Löwenanteil zuhalten. Dabei hat die Anwesenheit der französischen Militärs gewiss nicht nur ihre materiellen Vorteile. Seit Jahren zum erstenmal trauen sich Einheimische wie Auswärtige noch gegen Mitternacht zu Fuss zu den Strassencafés, da sich Mobutus unbezahlte Soldaten und andere zairische Kräfte der «Sicherheit» für einmal nicht an Spaziergängern, an ihren Geldbeuteln oder anderer mitgeführter Habe zu vergreifen wagen. Doch auch die internationalen Wellen, die das zairische Staatsoberhaupt in den letzten Jahren geschlagen hat, beginnen sich in dieser gesellschaftlichen Belebung zu glätten, und zu dieser Sanierung hat niemand anders den Anlass gegeben als die rwandischen Massenmörder. Ihnen verzeiht man dies weit weniger noch als einem Mann wie Jonas Savimbi, dessen Wiederaufnahme des Kriegs in Angola zu Mobutus neuer Salonfähigkeit unter Staatsmännern wie Nelson Mandela ebenfalls einen erklecklichen Beitrag geleistet hat.

«Bienvenu au Zaïre!» Nicht nur auf der Seepromenade zwischen Gisenyi und Goma, selbst auf den Flughäfen, in Bukavu wie in Goma, müssen die zairischen Grenzbehörden das Personal ausgewechselt haben. Heillos überfordert angesichts des ungeahnten humanitären Verkehrs, begnügt man sich mit jener Korruption, die auf freier Initiative des Klienten basiert. Was diesen zum Griff in die Tasche bewegt, ist für einmal nicht die zairische Hochkultur der Einreiseschikanen, sondern nur das Gedränge an den sonst so gefürchteten Schaltern. Was mit Rwanda und dem zahlreichen ausserordentlichen Besuch zu tun hat, ist auch im ostzairischen Kivu eine Angelegenheit internationaler Art, welche als solche wohl Staatsgrenzen betrifft. Doch Zaires Verwaltung, die in sämtlichen ihren Abteilungen schon seit Jahren vollständig privatisiert ist, repräsentiert wenigstens in inneren Angelegenheiten wie dem Binnenverkehr weiterhin ein durchaus souveränes Gebilde. Am Flughafen einer Stadt wie Kisangani werden keine internationalen Kurse abgefertigt, und unter diesen Umständen erfasst der Service de l'immigration längst auch jede Bewegung von jeder zairischen Stadt zu jeder anderen.

So können auch im Schiffsverkehr auf dem Kivusee – von Zaire nach Zaire – die lebensnotwendigen Abgaben erhoben werden. Wehe aber, wenn die zwei Funktionäre ihrem angemassten Staatsamt und dem Reisenden zuviel abverlangen und ihm androhen, ihn kurz vor Ablegen nochmals vom Kahn herunterzuholen, falls er nicht eiligst ihren Wünschen nachkommt. Einen Staat nämlich gibt es hier in Bukavu nicht, und soweit es um den «Staat» von Mobutu zu tun ist, herrscht in dieser Stadt an der Südspitze des Kivusees die lauterste Einigkeit, dass man auch keinen Staat will. Faustin Birindwa, Mobutus letzter Regierungschef, ist aus Bukavu, und seit dieser kurzlebigen Zusammenarbeit hat er sich in seiner Stadt nicht mehr zu zeigen gewagt. Wer also dennoch im Namen des «Staates» Mobutus aufzutreten gewillt ist, der tut es hier auf eigene Gefahr, und auch jetzt haben die beiden Zöllner auf der Stelle das ganze Schiff gegen sich.

Das hier ist nicht die «Halleluja», die auf der zairischen Hälfte des Kivusees am Samstag oder am Montag dieselbe Strecke zurücklegt. Auf der «Halleluja» gibt es keine Stühle mehr. Das Boot vom Donnerstag trägt den langen rwandischen Namen eines von Mobutus verstorbenen Beratern, «Bisengimana», in dessen Privatbesitz es sich bis vor wenigen Jahren befand. Trotz allerhand rwandischer Präsenz an Deck bleibt das Nachbarland selber recht fern. Auch in den zairischen Grenzstädten ist es deutlich abgerückt. In Goma passiert man die Grenze wenn nötig noch immer zu Fuss; doch was sich hinter der Seepromenade landeinwärts erstreckt, hiess in Goma schon früher «unsere Berliner Mauer», obwohl es nur ein breiter Streifen öden Niemandslands ist. Dort wagt sich kein Mensch zu bewegen. Bei Bukavu ist es der Ruzizi, der gestaute Ausfluss des Sees, wo im Schatten der beidseits steilen Abhänge die Leichen trieben. Es ist zwar ein schmaler Einschnitt, aber die alte Stahlbrücke mit den hölzernen Planken der einspurigen Fahrbahn überwindet ihn nur notdürftig. Während der gut hundert Kilometer langen Seefahrt zwischen den beiden Städten verbergen sich auf gut 40 Kilometern die bewaldeten Buchten des rwandischen Ostufers hinter der schmalen Insel Ijwi – zairisches Gebiet. Auf dem Kivusee ist es fast, als gäbe es zwei Kivuseen: westlich von Ijwi einen zairischen, und östlich davon einen rwandischen.

«Man glaubt hier nicht, dass die Franzosen nur wegen der Rwander gekommen sind», hat ein zairischer Geschäftsmann in Bukavu gesagt. «Sie sind nämlich erst nach den Massakern gekommen.» Nicht nur in den neuen französischen Hoheitsgebieten drüben in Rwanda bewegen sich die rwandischen Armeeangehörigen weiterhin frei; auch oben in Goma bewegen sie sich freier denn je. Zumindest unter den offiziellen zairischen Gastgebern scheint Frankreich als delikates Thema zu gelten. Zwischen den Fernsehequipen, die nach der Ankunft mit den Franzosen aus Bangui neben der Flugpiste ihre Satellitenkommunikationstechnologie ausbreiten, sucht man vergeblich nach Spuren irgendeiner zairischen Medienpräsenz. Den Organen Mobutus fehlt augenscheinlich das Interesse, den anderen fehlen die Mittel.

An anderen Orten sind die Franzosen ganz alleine. In Kisangani beschwichtig niemanden der Hinweis darauf, dass die Stadt an der Biegung des Grossen Flusses ziemlich genau auf halbem Weg zwischen Frankreichs zentralafrikanischem Stützpunkt und der rwandischen Grenze liegt. «Wozu brauchen sie die Kampfflugzeuge, die Sie draussen am Flughafen gesehen haben und die mit ihrem Anflug über der Stadt die Leute in Panik versetzt haben?» So stellt in Kisangani die Frage sogar ein Funktionär der zairischen Staatssicherheit.

Auf dem Hinterdeck, im Arm einer kanadischen Glaubensschwester, ringt eine junge Tutsi-Frau gegen den Schlaf, in dem ein schwerer Traum sie gefangenhält. Plötzlich springt sie doch auf und streckt einem Mann auf der Bank gegenüber den Finger entgegen: «Toi tu est le docteur!» ruft sie aus, «du hast mir die Medikamente gegeben. Wozu hast du mir die Medikamente gegeben?!» Das skurrile Lächeln auf ihrem Gesicht bleibt stehen. «Sie ist übergeschnappt», flüstert eine Mitreisende, eine in Deutschland verheiratete Frau, die über Bujumbura auf diesem Weg den Nordwesten Rwandas zu erreichen und dort Näheres über das Schicksal ihrer Mutter in Erfahrung zu bringen sucht. Nach dem Tod ihres Vaters – eines Zairers – ist die Mutter – eine Hutu – vor Jahren zu ihrer Familie nach Ruhengeri zurückgekehrt. Die junge Tutsi-Frau, die weiter den Arzt anstarrt, hat ihre gesamte Familie verloren. Unter den Augen der jungen Mutter, so sagten die Leute, seien ihren Kindern die Köpfe abgeschlagen worden.

An der Reling, drei Meter von ihr, streckt sich ein hochgewachsener, breitgebauter Mann das Kreuz. Die dicken Lippen über den gelben, weit auseinanderstehenden Zähnen geöffnet, betrachtet er die Szene. Vorhin im Schiffsrestaurant habe dieser sie angesprochen, flüstert die Mitreisende. Er sei dabei gewesen, habe er sich mit seinen Taten gebrüstet. Unten bei Cyangugu gebe es jetzt nichts mehr zu tun. Sie hätten dort viel getötet.

In dem Wenigen, was bisher aus direkten Gesprächen mit Milizionären publiziert wurde, gibt es nur zweierlei – scheinbar weit auseinandergehende – Auskünfte. Die eine lautet, dass die Tutsi allesamt liquidiert werden müssten, damit in Rwanda Frieden einkehren könne. Die andere besteht in der glatten Verleugnung dessen, was die erste verordnet: Milizen habe es nie gegeben, und soweit überhaupt getötet worden sei, habe es sich entweder um die grauenhaften Untaten der Feinde oder auf der eigenen Seite um Selbstverteidigung, um Notwehr gehandelt. Beiden Varianten ist die gleiche wahnhafte Dämonisierung des Gegners gemein. In der zweiten Variante wird der Wahn kenntlich durch die Immunität gegen jeden Hinweis darauf, dass die gegenteilige Wahrheit bekannt ist. Die erste Variante sorgt für dieselbe Unangreifbarkeit durch eine Zusatzklausel, wonach die Wahrheit über die Patriotische Front, ihre «Komplizen» und überhaupt alle rwandischen Tutsi niemand anderem als einem rwandischen Hutu bekannt sein kann.

Der Massenmörder an der Reling, sagt die Mitreisende, wolle nun oben über Gisenyi wieder zurück nach Rwanda und weiter hinein in Richtung Kigali; vielleicht sei noch irgendwo Arbeit aufzutreiben. Die Schreckensvision ist real, genauso wie in Tansania könnten mit Hunterttausenden von

Vertriebenen demnächst auch Männer wie er zu Hunderten eintreffen. Niemand im Kivu wird ihn festhalten wollen, weit weniger noch als die Franzosen sich dazu geneigt zeigen.

In Zaire ist es Gemeingut, dass es Frankreich seit mehr als hundert Jahren auf den Kongo und seine Reichtümer abgesehen hat und stets nach Kräften gegen die Belgier arbeitete. Mit den zwei kleinen ehemaligen belgischen Kolonien Rwanda und Burundi verbindet Zaire eine besonders illustre unter Afrikas zahlreichen Wirtschaftsgemeinschaften, die Communauté économique des pays des Grands Lacs, deren Zentralbank in Goma steht – zwischen der Avenue du Président Mobutu Sese Seko und der Wall Street, an der zentralen Rondelle gegenüber dem verwaisten grünen Postgebäude mit seiner erhöhten Arkade und dem runden flämischen Turm. Die Gedanken über diese Region der grossen Seen, deren Austausch das Bier aus den grossen zairischen Flaschen befördert, werden in Goma mit Vorliebe in ihrer strategischen Natur gesehen, und die Leitlinien dabei sind ganz jene geblieben, die vor hundert Jahren für französisch-britische Kollisionen am Nil gesorgt haben. Faschoda ist an den grossen Seen ein geflügelter Name geblieben. Der ugandische Präsident Museveni verkörpert den britischen Erzfeind, und die Patriotische Front in Rwanda ist dessen Ausgeburt.

Aus den Hinterküchen bereits oder auch noch nicht pensionierter französischer Geheimdienstler nährt sich die Legende, dass es in der Tradition vorkolonialer westugandischer Monarchen heute die Tutsi Rwandas wie auch Burundis seien, welche in Konspiration mit dem «rwandischem Usurpator» Museveni die Seenregion aus dem frankophonen Westen in ein kommendes ostafrikanischen Grossreich zu entführen trachteten. Während die letzten zahnlosen Kongobelgier sich dieses ihnen vertraut klingende Zeug heutzutags etwas geistesabwesend anhören, bereichert es doch noch immer den Klatsch, dem die phantasievollen Zairer nicht besonders abhold sind. Die Franzosen geniessen bei ihnen trotzdem kaum ein höheres Ansehen als bei den Tutsi der beiden Kleinstaaten im Osten.

Auf dem Hinterdeck hat der Massenmörder einen neuen Zuhörer gefunden – ein Zairer, mit dem er sich gut hörbar auf Französisch unterhält. «Ihr habt es zum besten auch der Leute im Kivu getan», sagt der Zairer. «Viele hier denken, es geschieht ihnen Recht, wenn man sie ausrottet», so hat schon ein Taxifahrer in Bukavu bemerkt. Der überdurchschnittliche Erfolg, den der Selbstbehauptungskampf einer exilierten Minderheit abverlangt, ist den rwandischen Tutsi als ehemaliger Elite leichter als anderen, ja geradewegs in den Schoss gefallen. Das kommt diese Diaspora nicht nur in Zaire, sondern überall in Ostafrika teuer zu stehen. Ihre Angehörigen bewährten sich viel zu augenfällig, um irgendwo gelitten zu sein. Dazu kommt, dass man sie mit ihren despotischen Verwandten in Burundi in einen Topf wird. Dort, in der Hauptstadt Bujumbura, hat der Sprecher des Front patriotique rwandais versichert, man sei sich sehr wohl der Gefahr bewusst, welche Burundis extremistische Tutsi für die internationale Reputation des FPR darstellten; doch der Umgang mit diesem Problem gestalte sich äusserst schwierig.

«Könnte man sie nicht auch da drüben mit so ein paar kleinen Feuern aus ihren Löchern locken», regt auf dem Boot der Massenmörder bei seinem Zuhörer an, und er weist über die Reling nach der Küste der Insel Ijwi, wo unter den zairischen Bahavu viele exilierte rwandische Tutsi leben. «Oh, da bekämst du Probleme», winkt dieser entschieden ab und wiederholt seinen Bescheid. «Hier bei uns liebt es keiner, wenn sich Ausländer zu auffällig benehmen.» Die Vorstellung, Ijwi wäre ein Stück Rwanda, kann im Kivu nur schon aus Gründen des Patriotismus wenig Gefallen finden. Dazu kommt, dass diese Vorstellung in der Tat absurd ist. Auf Ijwi nämlich ist es nicht anders als auf dem ostzairischen Festland, und dort beherrschen die Leute in aller Regel ungefähr fünf Sprachen: das Kihavu der Insel, das Kishi des südlichen zairischen Küstenabschnitts, den

Kisuaheli-Dialekt des nördlichen Küstenabschnitts, ein zumindest leidliches Französisch, meistens auch das Lingala, Zaires verbreitetste Verkehrssprache, und oft auch noch einigermassen das Kinyarwanda. In der rwandischen Nachbarschaft dagegen werden allenfalls eineinhalb Sprachen gesprochen, und dass es sich dort nur um einen ganz anderen Schlag handeln kann, gehört in Zaire eher zu jenen Selbstverständlichkeiten, die zu tief sitzen, um überhaupt ins Bewusstsein zu steigen.

Ein Kongobelgier im kosmopolitischen Goma bringt es auf den Punkt: «Was immer Sie in Goma, in Bukavu oder sonstwo im Kivu zu hören bekommen – selbst wenn ein Zairer die Taten der Nachbarn lobt, bringt ihn dies nicht auf den Gedanken, es ihnen gleich zu tun. Sein Begleiter, ein im Kongo gebürtiger Italiener aus Domodossola, pflichtet ihm bei: «Bantu-te, sagten die einfachen Leute, als unten im Hafen die Leichen aus Gisenyi angeschwemmt kamen. ‹Das sind keine Menschen›, bedeutet das auf Lingala, und sie meinten damit nicht die Leichen.» Chez Raouf et Mitzi, in Gomas Gourmetrestaurant «Nyira», hält ein ehemaliger zairischer Botschafter in Kigali stundenlang Vorträge. Dem Spuk des FPR, deren Parteigänger er nach der Sprachregelung der radikalen Hutu Rwandas stets «die ugandischen Invasoren» nennt, habe nun endlich eine starke Armee ein Ende zu bereiten, indem sie alle zum Lande hinauswerfe, um anschliessend die Grenze definitv abzudichten. Soweit es bei rwandischen Angelegenheiten um die Ursachen geht, gibt es im Kivu jederlei Sichtweisc. Aber auch dieser zairische Exbotschafter wiederholt: «Mon Dieu, non!» – daran habe er nie einen Augenblick Zweifel gehabt, dass so etwas, wie es sich da drüben abgespielt habe, in der ganzen Geschichte Afrikas unbekannt sei.

Auf dem Kivusee, Juni 1994

Kivu mon Amour II

Die Landebahn des Flughafens von Goma zieht sich durch ein Meer von kleinen Lagerfeuern. Im frühen Einbruch der Dämmerung, schon gegen sechs Uhr, deckt der Rauch die einzige Piste zu und zwingt die Piloten, sich im Sichtflug auf eine vage, bodenlose Schneise zu verlassen. Zweihundert Meter vom Flughafen, neben der Hauptstrasse zum Stadtzentrum, schliessen französische Soldaten mit einem Bulldozer eine der Gruben, in welchen Tote gesammelt werden. Ringsherum lagern noch Lebende. Ein Vertreter der belgischen Médecins sans frontières mutmasst, dass in den horizontfüllenden Lagern ausserhalb der Stadt seit Mitte der Woche im Minutentakt gestorben werde. Die Cholera wütet. Für die Zahl der Rwander, die seit Donnerstag vergangener Woche in Goma eingetroffen sind, gilt eine Million mittlerweile als zurückhaltende Schätzung. Die Mehrheit hat inzwischen die zairische Grenzstadt landeinwärts verlassen. Das Internationale Komitee vom Roten Kreuz begibt sich mit Nahrungsmitteln für 100'000 ins Feld und findet um eine Verteilungsstelle 300'000 Bedürftige versammelt. Während die einen zusammenbrechen, beginnen sich andere gegen das Ende der Verteilung regelmässig zu schlagen – von Hand und mit Stöcken und Steinen.

Auch in der Stadt liegen die Toten zu Hunderten, beinahe an jedem Strassenrand, oft seit Tagen und grauenhaft aufgequollen, der Kopf vielleicht unter einem Fetzen Verpackungskarton. Niemand schert sich darum, daneben wird Tee gekocht. Nur einige besser Gestellte unter den Einheimischen lassen sich die Toten aus dem Garten oder von ihrer Haustür schaffen. Sie rufen einen rwandischen Soldaten, drücken ihm 500 neue Zaïre – etwa einen Franken – in die Hand und sagen: «Tu prends le cadavre et tu vas!» In der Stadt wie ausserhalb kommen Fahrzeuge über weite Strecken nur im Schrittempo voran. Viele Leute haben sich Tücher um die untere Gesichtshälfte gebunden; einige Soldaten tragen ihre Gasmaske, und man sieht erstaunlich viele Pappmasken, wie sie für Operationssäle hergestellt sind. «Wohl aus dem geplünderten Spital von Gisenyi», der rwandischen Nachbarstadt, meint ein ansässiger Belgier auf die Frage, woher diese Masken wohl alle stammen mögen.

Zwischen der Innenstadt und dem Kivusee erhebt sich hundert oder zweihundert Meter hoch der Mont Goma. In den Buchten beidseits der beiden Häfen stauen sich unabsehbare Menschenmassen, die Zugang zum Wasser suchen. Goma liegt zwar am See, aber im vulkanischen Boden am Nordufer ist in der gegebenen Situation Wasser das grösste Problem, und die Versorgung des städtischen Netzes ist zusammengebrochen. In fast allen Teilen der Stadt begleitet einen von früh bis spät das helle Klopfen von tausend Äxten. Eine Armee holzt ab; Tag für Tag stürzen die Bäume in Massen, auch in den vierzigjährigen Alleen, auch an den Hängen des Mont Goma. Dort drohen über dem Kahlschlag bald die Häuser in Bewegung zu geraten. «Mboka ebebi», sagen die Einheimischen auf Lingala – «das Dorf ist zerstört».

Wenn von einer Million Zuzügler nur 50'000 bei ihrer Ankunft noch über etwas Geld verfügen, dann führt das binnen Tagen zu Preissteigerungen, mit denen die Mehrheit der 100'000 bis 200'000 Einheimischen nicht mithalten kann. Nur Fleisch ist billig. Die ärmeren Rwander verkaufen das mitgebrachte Vieh: die Kuh zu zehn Dollar. Die einheimische Bevölkerung scheint von einer tödlichen Lethargie getroffen. Niemand weiss etwas von der leisesten Regung einer lokalen

Behörde. Wer kann, versucht seiner angestammten Tätigkeit nachzukommen, aber wo immer auf das Aussergewöhnliche der Situation reagiert wird, geschieht es auf Initiative Auswärtiger. Die Angehörigen von Gomas kleiner Kolonie Expatriierter wissen vor Arbeit nicht, wo ihnen der Kopf steht. «Man versucht die Flüchtlinge zu retten», sagen sie wie die Zairer, «aber wenn sie überhaupt wieder einmal gehen, wird niemand sich um unsere Stadt kümmern.» Und selbst für den besten Fall, dass tatsächlich eine Mehrheit in absehbarer Zeit nach Rwanda zurückkehren sollte, macht sich niemand Hoffnung, dass auch das infernalische Personal des Massenmords je wieder gehen wird.

Die vielen Dutzend Leichen jener, die in den Müllfeldern um den zairischen Grenzposten zu Tode getrampelt wurden, sind von den Franzosen weggeführt worden. Vor dem Zollhaus sortieren sechs, sieben zairische Soldaten zwischen hohen Haufen Tausende von automatischen Gewehren. Auf einem alten Teppich werden die Handgranaten gesammelt, die noch nach einer Woche auf der Seepromenade herumliegen, dazwischen auch einige Tretminen. Schätzungen der Zahl geflohener rwandischer Soldaten pendeln um 20'000; zur grossen Mehrheit sollen sie sich von ihren Waffen getrennt, die Verbände aber nicht aufgelöst haben. Zu Fuss balanciert man sich durch das explosive Gerümpel zum rwandischen Posten, wo Leutnant John Murangwa mit einer Mannschaft von drei Kämpfern der Patriotischen Front Wache steht. Seine Aufgabe sei der bestmögliche Empfang der Rückkehrer, und solche hat er bisher rund 300 gezählt. Alle, die kein Kommando geführt hätten, seien willkommen. Wer auf Befehl getötet habe, gelte als unschuldig – auch wenn es ein Angehöriger der Interahamwe-Miliz sei.

Unter Vertretern humanitärer Organisationen wie auch der Presse ist unaufhörlich die Rede von einem Vertrauen, das bei der Hutu-Mehrheit vor einer Rückkehr wiederhergestellt werden müsse. Zum allergrössten Teil handelt es sich um Zwangsevakuierte, und in den Lagern Zaires und Tansanias ebenso wie in der französischen «Zone turquoise» im Südwesten Rwandas herrschen weiterhin die für den Genozid verantwortlichen Kräfte der ehemaligen Staatspartei. Dort ist jeder Rückkehrwillige ein Komplize der Patriotischen Front. Mit seinen mobilen Stationen sendet «Radio Télévision libre des Mille Collines» weiter, allen Anzeichen nach aus der «Zone turquoise». Nachdem der Sender monatelang zum Massenmord und anschliessend die Hutu-Mehrheit zur Räumung des Landes aufgerufen hat, treibt er jüngst auch die Hutu in der «Zone turquoise» zur Flucht nach Zaire.

Im Zentrum von Goma, der Hauptbasis der französischen Intervention, beherbergt das Hôtel des Masques Reste der Massenmörderregierung, die erst diese Woche Rwandas Sitz im Sicherheitsrat der Uno geräumt hat. Vor dem Hotel tagt ununterbrochen eine Meute von rwandischen Militärs und Milizionären. «On se prépare», erklären sie – «für die Wiedereroberung unseres Landes». Zwei Männer, die in dieser Versammlung den Gedanken an eine zivile Rückkehr aufbrachten, wurden am Mittwoch mit Steinen erschlagen.

Monsieur Bizimungu, ein Bekannter aus Gitarama, findet sich auf dem Flughafen von Goma wieder und bedient einen Gabelstapler. Er selber könnte über Gisenyi nach Hause zurückkehren, täte es gerne und ist bereit, den Schweizer Journalisten nach Kigali zu begleiten. Doch Frau und Kinder befinden sich bei Cyangugu in der «Zone turquoise», und er sieht keine Möglichkeit, seine Familie an den Truppen der Armee vorbei über die Linien zu bringen. Er bittet, der Uno in Kigali mitzuteilen, wo das Problem liege. Was das Desaster in Ostzaire betrifft, so sticht auf dem Mont Goma die Lösung ins Auge. Die Lager und die Hilfsgüterverteilung wären nur um wenige Kilometer hinüber nach Gisenyi zu verlegen, wo es Grundwasser gibt, wo die Felder in voller Frucht stehen, wo Hirse, Bohnen und Kartoffeln auf die Einbringung der Ernte warten.

Goma, Juli 1994

Goma erinnert wieder mehr an die Grenzstadt, die der reichen Ostprovinz Kivu während fast aller Wirren im zairischen Grossreich ein Tor zur Welt offenhielt. Bis vor einem Jahr, bis am 6. April 1994 die rwandische Präsidentenmaschine mit Juvénal Habyarimana und seinem burundischen Amtskollegen Cyprien Ntaryamira an Bord im Anflug auf Kigali explodierte, hatten Gomas unheimliche Nachbarn durch ihre Ordnungsliebe und ihren Geist für Organisation bestochen. Fast doppelt so fern von der eigenen Kapitale Kinshasa wie von der kenyanischen Hauptstadt Nairobi, mit dem Rücken zu Mobutus vergammelten Jagdgründen, bot die Hauptstadt Nordkivus Geschäftsleuten den Komfort konventioneller rwandischer Telefonanschlüsse, von denen aus, nach einem Spaziergang hinüber nach Gisenyi, die ganze Welt zu erreichen war – wenn es nicht gerade das eigene Land sein musste.

Die Stadt wird nie mehr dieselbe sein nach jenem Untergang, als die geschlagene rwandische Armee eine Million ihrer Schutzbefohlenen als Faustpfand vor sich her über die Grenze trieb, an den Strassenrändern, soweit das Auge reichte, verwesende Leichen zurückliess und am Rand der Massengräber von täglich mehreren tausend Choleraopfer die ansässige Bevölkerung zu Geschäftspartnern, Pflegern und Handlangern von Massenmördern degradierte. Die Gerüche, die wochenlang über der Stadt lagen, verfolgten Besucher nach einer Rückkehr aus Goma nicht nur im Schlaf; auf den gereinigten Strassen, acht Monate danach, steigen sie aus dem Gedächtnis zurück in die Nase. Der Sonntag scheint wie früher wieder ein Feiertag zu sein. Die Geschäfte sind geschlossen, und in der Anflugschneise, die über den See und die besseren Viertel zum Internationalen Flughafen und damit sozusagen in Gomas Stadtmitte führt, donnern nur einige kleinere, aber keine schweren Cargomaschinen über die Dächer. Die evakuierten Rwander in den umliegenden Lagern werden schon länger auf dem Landweg versorgt, seit einiger Zeit auf direktem Weg aus Uganda, nicht mehr durch Rwanda über Gisenyi. Dort nahmen Überlebende des Genozides die Fütterung der Mörderheere jenseits der Grenze teils nicht mehr hin und plünderten einige Uno-Konvois.

Von Gomas abgeholzten Alleen verschwanden in der Zwischenzeit auch die monumentalen Züge der Stümpfe, die mit ihrem Umfang den zigtausend Äxten der Zuzügler getrotzt hatten. Abgeholzt wird jetzt ausserhalb, vor allem am Fuss der Virunga-Vulkane. Im Wald des gleichnamigen Wildparks, den die Zairer mit den verbliebenen Kongobelgiern als Afrikas älteste Einrichtung dieser Art ehren, werden laut Schätzungen von Uno-Experten täglich 500 Tonnen Brennholz geschlagen. Ein im Kongo geborener Flame, der als ehemaliger Leiter eines der agrarindustriellen Grossunternehmen mit den Lebensgewohnheiten der Landbevölkerung am Kivusee vertraut ist, kommt mit seiner Rechnung aufs Doppelte.

In Nordkivu um Goma hat das Flüchtlingshochkommissariat der Uno (UNHCR) etwas über 800'000 Rwander registriert. Zählt man jene bei Bukavu in Südkivu dazu, dürften es gesamthaft in Ostzaire noch immer 1 bis 1,2 Millionen sein. Die Uno verzeichnete in den vergangenen Wochen eine Zunahme an Heimkehrern auch aus Nordkivu, und während der zweieinhalbstündigen Fahrt von Kigali zum Grenzposten an der Corniche von Goma kann man tatsächlich drei entgegenkommende halbleere Busse des UNHCR zählen. Doch bei einer Million können die paar Hundertschaften, höchstenfalls etwas über tausend pro Tag nur vor Augen halten, wie zuverlässig dieses System abgedichtet bleibt. Aus den Lagern nördlich von Goma am Fuss des Virunga-Massivs ist noch eher ein Entkommen als aus jenen im Westen zwischen Saké und Masisi, da von dort der Weg zur Grenze an einem Lager exilierter Militärs vorbeiführt. Ausweichen lässt sich nur über den See, wo Leute in Goma hie und da einen Pirogen-Verkehr von vormals unbekannter Art beobachten. Wer sich hörbar mit Gedanken an eine Heimkehr trägt, fällt wie vor einem Jahr Frauen, Kinder und Säuglinge der rwandischen Tutsi-Minderheit in die Kategorie der Komplizen des Feindes und liefert nicht nur sich selber, sondern seine Familien den Macheten aus. Die Auskunft in den Lagern ist dieselbe geblieben: «Wir werden heimkehren, wenn unsere Führer es uns sagen.»

Gedanken wenn nicht an Heimkehr, so doch wenigstens an Umzug hat einzig der Nyiragongo aufkommen lassen. Die Kuppe von Gomas Hausvulkan, der in seinem Inneren, in mehreren hundert Metern Tiefe unter dem Kraterrand seinen Lavasee auf dem Siedepunkt hält, erhellt Nacht für Nacht wie eine Wetterwolke den Horizont über dem Nordufer des Sees. Im Auftrag des UNHCR wird das Schauspiel wissenschaftlich beobachtet. Laut einer Meldung von Reuter sollen japanische Seismologen aufgrund einiger Erschütterungen im Januar einen Ausbruch für den folgenden, inzwischen wieder vergangenen Monat vorausgesagt haben. Die Lava des Nyirangogo steigt, gegebenenfalls, nicht aus dem Krater, sondern frisst sich laterale Stollen und tritt aus den Flanken des Berges. Die mögliche Evakuation von 200'000 Lagerbewohner ist ein Gesprächsthema, ohne dass von einschlägigen Plänen etwas ausgearbeitet worden wäre. Kommt Zeit, kommt Rat – oder zuerst wohl Gewöhnung, denn schliesslich fing der Nyiragongo vor bald einem Jahr zu leuchten an und erreichte seine jetzige Glut just in den Wochen vor der apokalyptischen Invasion im vergangenen Juli. Drohten die Götter mit Rache nicht schon zum Empfang?

Habyarimanas Restmannschaft hat ihren Apparat inklusive der Milizen im Exil intakt und die Lagerbevölkerung fest im Griff zu halten verstanden. Möglichkeiten einer Demontage dieser Höllenmaschine werden kaum noch von jemandem ernstlich erwogen. Das gehört auch nicht zum Mandat des Uno-Sicherheitsrates, der 1500 zairischen Soldaten die Zuständigkeit für die Sicherheit in den Lagern überantwortet hat. Ohne grosse Gedanken an einen Beitrag zur Bewältigung des Desasters haben sie – im Sold der Weltorganisation – im Park der Virunga das Eldorado für einen schwunghaften Fleischhandel entdeckt, schiessen die Magzine ihrer Kalaschnikows auf die Nilpferde leer, die sich in die Flüsse und Tümpel zu retten suchen und, nach Tagen verendet, das ohnehin viel zu spärliche Wasser verseuchen.

In den Abmarkungen der Lager, des Schauplatzes vielleicht der grössten Geiselnahme der Geschichte, wird die Autonomie der rwandischen Exilgemeinschaft nur soweit angetastet, als die zairische Sicherheitsmacht auf sie als ein unerschöpfliches Reservoir von Fronarbeitern zurückgreift, welche die gewilderte Beute aus dem Park schleppen. Anders als vor einem Jahr die Uno-Truppen angesichts der Mörderhorden in Kigali scheuen die zairischen Soldaten nicht immer vor Waffengebrauch zurück. Zur Illustration ihrer Macht ergriffen sie auch einmal drei Dutzend Rwander und brachten sie mit dem Bescheid zum Grenzposten, da sei ihr Land und sie könnten jetzt wieder drüben für ihre Zukunft sorgen. Namens der Uno als der Schirmherrin über diesen Betrieb protestierte das Flüchtlingshochkommissariat gegen den Akt von Zwangsrepatriierung, deren Verbot es hochhält. So etwas wie die Zwangsevakuation ganzer Landesteile im letzten Juli war zuvor nicht bekannt und bildet ein völkerrechtliches Novum; ebenso diese Art von Freiheitsberaubung in den grössten «Flüchtlings»lagern der Uno.

Die Zahl der Berichte von fortgesetzter militärischer Ausbildung in den Lagern sowohl bei Goma und Bukavu wie auch im tansanischen Lager Benako nimmt stetig zu. Zur Mehrzahl stützen sich auch diese Berichte unter anderem auf Uno-Quellen, ebenso jüngst ein Bericht von Oxfam, wonach in der letzten Zeit in Goma gegen ein Dutzend Landungen von Iljuschin-Transportern mit militärischen Lieferungen vermerkt wurde.

Die Uno hat sich ihre eigenartige Rolle in Kivu nicht ausgesucht, und da ausser ihr niemand der ansässigen Bevölkerung einen minimalen Schutz zu bieten hat, bleibt Kritik an diesem geduldigen Sündenbock überwiegend müssig. Nahezu ein halbes Jahr dauerte es nach dem rwandischen Machtwechsel, bis sich die Europäische Union im Januar auf ein nennenswertes Paket von Hilfe an die neue Regierung in Kigali zu einigen vermochte, und Frankreich steht bis heute abseits. Lag es an der Uno, wenn vorher während langen Monaten wesentlich mehr Mittel für die Versorgung der Exilierten aufgewendet wurden als für die Wiederbelebung des Landes selber? Der Schlüssel zu einer Entmachtung von Rwandas vertriebenem alten Regime liegt in den Händen Mobutus, der in den letzten fünf Monaten bei wiederholten Gelegenheiten in Frankreich sowohl vom Staats- wie auch vom Regierungschef empfangen wurde, während die neue rwandische Führung im November vom französischen Afrikagipfel ausgeschlossen blieb.

Binnen einem Vierteljahr wurden zwischen 500'000 und eine Million Menschen massakriert, wohl mehr als die Hälfte von ihnen in weniger als einem Monat. Es wird seither oft von den drei Genoziden des Jahrhunderts gesprochen: Armenien, Auschwitz und Rwanda. Über Täter und Verantwortliche besteht diesmal nicht mehr Unklarheit als in den beiden anderen Fällen. Die Politik der europäischen Mächte bleibt kontrovers. Die Massenmörder fordern ihre Beteiligung an der neuen Regierung, finden Zuspruch in Paris, und in der EU wird man sich darüber nicht klar, ob man sie an den Vorbereitungen zu einem neuen Krieg hindern sollte.

Goma, März 1995

Panne

Ein paar Passanten weisen, schreiend im Hupkonzert, auf die grosse Benzinlache, die im rechten Aussenspiegel unter dem Wagen hervorkriecht, während sich hinten die Koinange Street ins Unabsehbare staut. Der Schalter der Notblinkanlage muss warten, da die Hand verzweifelt am Zündschlüssel arbeitet. Im erbarmungslosen Gestotter Mal für Mal klingt ganz fern etwas von Frostnächten und Schneebergen, ehe für einen Augenblick nichts als ein vages Gefühl von Alleinsein zurückbleibt. Da schiebt bereits einer – langsam, langsam, es ist tatsächlich nur einer – und befiehlt, in der nächsten offenen Einfahrt am Strassenrand angelangt, die Motorhaube zu öffnen.

«Haben Sie die Benzinpfützen gesehen?» frage ich, aussteigend, den Anführer der ersten Ankömmlinge, und sofort liegt einer unter dem Wagen. Jetzt sind es schon fünf oder sechs oder sieben, die sich über den Motor beugen – von drei aufwärts entzieht sich aus Gründen der Sensomotorik die Anzahl der unmittelbaren Wahrnehmung und gelangt nur durch Zählung ins Gedächtnis. Sie beginnen zu reparieren, und auch mir bleibt wenig Aufmerksamkeit für den Mann unter dem Wagen. Der Boss hat bereits mit der einen Hand die Vergaserpfanne abgenommen, zugleich mit der anderen ein halbes Dutzend Schrauben gelöst, steckt sich, während die Muttern unter das Auto kollern, den Kondenser in eine seiner etlichen Hosentaschen und fragt unwirsch, wo man die Alarmanlage ausschaltet. Die anderen wiederholen die Frage im Kanon.

Durchs dumpfe Hirn ziehen Schwaden all der Geschichten von Ausländern, denen alles genau so widerfuhr, als die Helfer das halbe Auto hinterliessen und mit zwei Reisetaschen voller Teile wohlkoordiniert das weite suchten und fanden. Doch weilen wir hier nicht unter den versammelten Augen des Geschäftszentrums von Nairobi, und ist Nachmittag kurz vor drei nicht eine recht unkriminelle Tageszeit? «Was haben Sie für Werkzeug? Zeigen Sie her! Ich kann nicht weglaufen damit.» Durch diese Besänftigung vom Gegenteil überzeugt, packe ich aus. Am Rand des Publikums haben zwei Asiaten innegehalten, um ebenso wissend wie ungläubig ihre beturbanten Häupter zu schütteln, bevor sie sich tuschelnd zum übernächsten Auto begeben und, einträchtig schmunzelnd, davonfahren.

Die ersten unter den Schaulustigen gehen wieder und wenig später auch einige von den Helfern. Zum erstenmal öffnet sich mein Mund aus eigenem Antrieb: «Wissen Sie, woran es liegt?» «Gleich haben wir es.» Sie werden immer mehr, die Innereien des Wagens, die zwischen viel Kommen und Gehen auf dem Trottoir der öffentlichen Bewunderung preisgegeben sind. Weg kann ich nicht gut, und ein Bekannter kommt nicht vorbei. Angesichts dieses Fleisses bleibt für mich gar nichts zu tun, als ab und zu auf das mürrische Kommando zu Zündungsversuchen wieder den Schlüssel zu drehen. «Sind Sie sicher, Sie kriegen es hin?» Die Antwort ist nach einer Stunde dieselbe: «Sofort!» – «Wie könnte er widerstehen?! Er ist von menschlichen Wesen gemacht», fügt ein Gehilfe hinzu, «gewiss, er hat kein ewiges Leben, da haben Sie recht, aber soweit ist es nicht», und er nimmt noch einmal den Verteiler auseinander, obschon der Boss ihm sagt, dass er ihn soeben in Ordnung gebracht hat. Den Kondenser und die vier Zündkerzen, für die er umgehend Ersatz aus seiner Hose gezaubert hat, drückt er mir in die Hand, er habe damit nichts vor, versichert er bärbeissig wie am Anfang. Ein dritter Inder bleibt stehen und fragt mich, wo ich mein Personal herhätte. «Die waren schon vor mir hier», sage ich, worauf er, sichtlich mitempfindend, empfiehlt, auf die Kosten zu achten.

Nach zwei Stunden springt der Motor an. «Wie kann er widerstehen?! Habe ich es Ihnen nicht schon gesagt?» Sie steigen nun ein und wollen mit mir auf Probefahrt. Dabei wird man laut all den Geschichten, die unter den Expatriierten im Umlauf sind, in ein Buschareal zwischen der Strasse zum Flughafen und dem Nairobi National Park verschleppt und dort, unweit der Nashörner, in den Unterhosen abgestellt. Doch heisst es nicht gleichzeitig auch, dass im kenyanischen Linksverkehr ein links gesteuerter Wagen nicht gestohlen wird? Der Motor läuft ruhiger als vorher, der Auspuff – anders als jeweils nach dem Service – lässt die ewigen Schiessereien. «Was war das für Benzin in jenen Lachen?» «Das war gar nichts, der Alte hatte nur einen kleinen Schock und geiferte, als Sie auf ihn nicht hörten.»

Für seine Arbeit verlangt der Boss umgerechnet zwanzig Franken. Doch das ausgewechselte Material, für das er weniger als den Neupreis verrechnet, zehrt meine geringe Barschaft auf, und deshalb ist er mit den übrigen acht Franken zufrieden. Er hat, so erzählt er jetzt etwas freundlicher, bis vor kurzem in der Nähe in einer Reparaturwerkstatt gearbeitet. Dort sind krumme Dinge gelaufen, und weil nicht geklärt werden konnte, wer dahinter steckte, wechselte man das gesamte Personal aus. «Mein Name ist Christophe Njoroge. Rufen Sie mich, wenn Sie mich nächstes Mal brauchen. Sie wissen wo? Sie kennen das Roundabout bei den drei Kirchen?» Aber seither werfe ich, ehe ich in der Stadt losfahre, immer einen Blick unter den Wagen – ob nicht wieder einmal jemand den Schlauch der Benzinzufuhr abgezogen hat . . .

Nairobi, Juli 1992

Nachbarschaft

John! John!» rief das Hausmädchen, «schnell! Sie gehen auf Ahmed los!» Er sass am Schreibtisch, von wo sich die ganze vordere Hälfte des Gartens überblicken liess. Erst jetzt wurde er auf das Crescendo der Stimmen aufmerksam und schaute hinaus nach dem Tor in der rechten Ecke der Umzäunung. Es war ihm entgangen, dass Ahmed bereits auf ihn gewartet hatte. Ein gutes halbes Dutzend mussten sie gewesen sein, er hatte sie nicht gezählt, und er sah auch nicht mehr, wie sie ihn packten. Den Telefonhörer hatte er ohne Erklärung auf die Gabel geschmissen, und er war bereits draussen im Gang am Alarmknopf, drückte nochmals und nochmals, rannte zum anderen Knopf bei der Haustür. Wo sich verkriechen, in welchem Schrank, unter welchem Bett ... Viel war ihm nicht geblieben von den Gedankenfetzen, die in seinem Kopf durcheinanderwirbelten. «Die Polizei!» schrie jetzt das Hausmädchen, das ins Haus zurückgerannt kam, «es ist die Polizei!» An die hätte er zuletzt gedacht. Seine Panik hatte ihm nicht einmal Zeit für die Frage gelassen, warum sich das Mädchen nicht fürchtete. In der Tat, ordinäre Banditen konnten es nicht gewesen sein. «Sie sind schon wieder weg – mit Ahmed!» Er atmete auf. Mit der Polizei war ihm schon einmal etwas passiert, aber doch nur mit dem Hund. Welcher kenyanische Hund trug schon eine Erkennungsmarke? Aber, sieh einer an, Not machte selbst diese Bande erfinderisch. Bei einem Überfall waren sie absolut inexistent. Alle Weissen und Asiaten waren auf teure private Sicherheitsdienste mit Nachtwächtern und

Radioalarm abonniert. Doch inspiriert durch den ewigen Geldmangel, hatte die kenyanische Polizei eines Tages ganz plötzlich mit den Erkennungsmarken ernstgemacht und war in den Wohnvierteln mit diesen Hundepatrouillen aufgekreuzt. Damals war wenigstens einer von den vieren oder fünfen in Uniform. Diesmal war also Ahmed weg. Er hätte wieder für Tage zu tun. Die Hunde der Weissen wurden einen Tag lang gewaschen und gefüttert, und anschliessend wurden dafür saftige Rechnungen präsentiert, etwa in der Höhe eines Spitalbetts. Ahmed würde die Nacht auf dem feuchten Steinboden zubringen, sitzend zwischen allen den übrigen Vögeln und Pechvögeln in der engen Zelle und dem Ersticken nahe. Ein Lächeln huschte über Johns Gesicht. Er war jedesmal wieder ein eigentümliches Gefühl, wenn man sich später zu erinnern versuchte und dabei ganz unvermittelt etwas ins Bewusstsein aufstiess, wovon man gar nicht recht glauben mochte, dass man es in der Situation überhaupt wahrgenommen hatte. Tatsächlich: John! John! – erst jetzt fiel ihm auf, dass ihn das Hausmädchen beim Vornamen gerufen hatte. Die Entführung des Hundes hätte sie nicht dazu gebracht.

Natürlich sprang die alte Klapperkiste nicht an, an dem Vormittag, nachdem sie Ahmed, den Gärtner, entführt hatten, und Mzee Mwangi, der Haushälter, war auf Urlaub bei seiner Familie in Nanyuki. Zusammen mit dem Hausmädchen und einem grossen Thermos voller Tee machte er sich zu Fuss auf den Weg zur Kilimani Police Station. «Sehen Sie! Hier, das sind sie, da drinnen», rief das Hausmädchen aus, als sie an der Einfahrt des Nachbarn vorbei wollten. Auf der Parzelle, die an Johns Garten angrenzte, standen mehrere kleinere Steinhäuser, vor Jahren einmal getüncht, günstige Unterkünfte für mittlere und höhere Staatsangestellte. Vor einem der Häuser, umgeben von einer Schar Halbwüchsiger und einigen Männern in Zivil, fuchtelte ein korpulenter Uniformierter mit seinem schwarzen Fimbo, diesem Zwitter aus Keule und Zepter, mit dem hierzulande die

Vorgesetzten, an der Spitze das Staatsoberhaupt, ihren Anweisungen und ihrem Formbewusstsein Nachdruck verliehen.

«Kommen Sie! Da, sehen Sie sich diese frischen Fussstapfen an. Hier sind sie abgehauen, über das Schulgelände. Ihr Boy ist als letzter auf dem Grundstück gesehen worden!» Vor vierzig bis fünfundvierzig Minuten? Das konnte nicht sein. John protestierte. Vor dem Fenster seines Büros und unter seinen eigenen Augen hatte Ahmed gearbeitet, bis er ihm sagte, er solle sich bereitmachen, sie würden in zwanzig Minuten zusammen in die Stadt fahren. Von da an hörte er durch den Korridor nur zu deutlich, wie sich das Hausmädchen vom Spültrog aus mit ihm unterhielt, während sich Ahmed in seinem Schuppen, draussen neben dem Küchenfenster, umkleidete. Seit er vor knapp zwei Stunden zur Arbeit gekommen war, konnte er sich keine fünf Minuten ausser Sicht- oder Hörweite befunden haben. Ausserdem gab es vom Schulgelände hinter dem Haus zwar diesen Trampelpfad hinüber zu den Nachbarn, aber in der Umfriedung von Johns Garten gab es keinen Durchlass. Der Uniformierte erzählte Unsinn, es war ganz ausgeschlossen, dass ein Hausmädchen Ahmed auf diesem Grundstück gesehen hatte. Was übrigens war das für eine Unverschämtheit, dass die Behauptung dieses Miststücks schwerer wog als seine, Johns, Versicherung?!

Ob man ihn eigentlich mit derlei Schikanen aus seinem Haus vertreiben wolle, fuhr John den Herrn an. Ahmed war seit acht Jahren bei ihm und seinen Vorgängern in fester Anstellung. «Im Gegenteil», fuchtelte der Uniformierte mit seinem Fimbo, «Sie sind es, mein Herr, der mich mit Ihrem Boy aus meinem Haus vertreibt.» So kämen sie nirgendwo hin, und so wäre Ahmed nicht aus der Kilimani Police Station herauszubringen. John hatte sich etwas gefasst. Er nahm erst jetzt zur Kenntnis, dass der Polizeioffizier – «Mister Mbelo, wenn ich bitten darf!» – sich soeben höchstpersönlich als der betroffene Nachbar zu erkennen gegeben hatte. Das konnte kein Detail sein.

Umfangreich war die Vorgeschichte dieser nachbarlichen Kontakte nicht. Es konnte nur mit dieser Ziege zu tun haben, die John vor kurzer Zeit noch um den Verstand gebracht hatte. Angepflockt direkt hinter der Hecke, das Antlitz zum Himmel gehoben, eröffnete der Zaungast sein Herz der Schöpfung: «ÖWÄÄÄÄÄÄÄÄÄÄÄÄHH.» Und, als wollte jemand um gar keinen Preis zuhören: «ÖWÄÄÄÄÄÄÄÄÄÄÄÄHH.» Und – bei gesetzten Pausen, in einem Rhythmus von elektronischer Präzision: «ÖWÄÄÄÄÄÄÄÄÄÄÄÄHH.» Drei Monate lang, jeden Vormittag zwei Stunden und jeden Nachmittag zwei Stunden. Er hatte Ahmed gebeten, seine höflichste Frage zu übermitteln, ob die Kanaille sich nicht eventuell auf der anderen Seite des Hauses anpflocken liesse, statt fünf Meter von seinem Bürofenster. Erfolglos. «Sie behandeln mich wie ein Tier», kam er zurück. Die Frauen da drüben, Madame, Tochter und Hausmädchen, hatten sich alle geweigert, mit Johns Gärtner auch nur ein Wort zu wechseln. Von dort drüben hiess es nur weiterhin: «ÖWÄÄÄÄÄÄÄÄÄÄÄÄHH.» Er hielt sich nicht oft im Garten auf, aber wäre er doch einmal draussen zur Stelle, wenn es an der Hecke wiederum «ÖWÄÄÄÄÄÄÄÄÄÄÄÄHH» hiesse, dann würde er es mit dem Gartenschlauch versuchen. Zweimal war er dazu gekommen; dann, nach Ostern, war von der Ziege nichts übrig geblieben.

Jetzt, als John zum erstenmal vor dem Nachbarhaus stand, war bei den vielen Zuhörern dem Gespräch sowieso keine aussichtsreichere Wende zu geben. Er überreichte dem uniformierten Nachbarn seine Karte und kündigte für den Abend einen zweiten Besuch an.

«Gehen Sie zu Inspektor Mbelo zurück», riet ihm der Constable auf der Kilimani Police Station, wo John seine Version von Ahmeds Aufenthalt in der fraglichen Zeitspanne zu Protokoll gab. Der Constable, der seine Aussagen aufnahm, schien gar nicht recht überzeugt von der Klage des Offiziers, die auf unbefugtes Betreten und Vorbereitungen zu einem Einbruch lautete. Vor Gericht hätte Ahmed wenig zu fürchten gehabt. Doch nach den Auskünften von Anwalt Vaz konnte allein schon die Verfahrenseröffnung etliche Monate auf sich warten lassen, bei Angeklagten ohne Beistand auch Jahre. Nur während der maximal 48 Stunden der Polizeihaft konnte der Nachbar die Klage zurückziehen. Der Gesichtsausdruck des Anwaltes schien etwa gleichviel wie ein ungläubiges Kopfschütteln besagen zu wollen, und John ahnte darin auch etwas von Missbilligung. Er hatte Vaz nach der Möglichkeit einer Freilassung gegen Kaution gefragt. Trotz seiner kenyanischen Staatsbürgerschaft war Vaz ein Inder geblieben, aus Goa, wie es der portugiesische Name festhielt, und das Missfallen des Anwalts betraf nicht den Umstand, dass John ihm seine wertvolle Zeit stahl. Wie, einen Gärtner?! Wenn dies Schule machte?! Vor Johns innerem Auge erschienen zwei, drei weisse, englische Ladies, die mehr an ihrem Hund hingen als an einem Gärtner.

Konnte das reiner Zufall gewesen sein, dass es gerade Ahmed in dieser Weise erwischt hatte? Das war unwahrscheinlich, wenigstens soviel hatte sich John auf dem Rückweg von der Polizeiwache klargemacht. Niemand rief die Polizei zum baren Vergnügen, in diesem Land nicht einmal diese sich selber. Bei seinem zweiten Besuch strich er jetzt seine Einsicht Mr. Mbelo gegenüber heraus. Ein ums andere Mal entschuldigte er sich, nachdem der Offizier am Abend beim dritten Versuch doch aus dem Haus getreten war – ohne seinen Fimbo diesmal. Es gehe ihm keinesfalls darum, betonte er wieder und wieder, Mr. Mbelos gute Gründe in Frage zu stellen, auch wenn ihm diese vielleicht nicht restlos durchsichtig seien. Sollte sich Mr. Mbelo durch irgend etwas vor den Kopf gestossen fühlen oder gefühlt haben, durch Johns laute Musik womöglich oder durch etwas anderes, ihm Unbekanntes, vielleicht auch durch seinen Gärtner, dann müsste das dennoch nicht unbedingt ein Fall für das Strafgericht sein. Für eine gütliche Regelung, bekniete er den Inspektor, seien aussergerichtliche Wege erfahrungsgemäss doch besser geeignet, nicht wahr? Ob er, Mr. Mbelo, nicht ebenso denke?

Nein, Mr. Mbelo war es weder um eine Kompensation noch um eine Satisfaktion zu tun, er fühlte sich nicht beleidigt, gewiss nicht von ihm, John, wie er wiederholte. «Schon vor Monaten drang Ihr Boy hier ungefragt und unbefugt ein und ödete die Frauen an.» Voilà! Also doch. So also war seine Reklamation wegen der Ziege angekommen. Hatte es nicht auch schon die Frau seines Vorgängers gesagt, die er nach seinem ersten Gespräch mit dem erbosten Nachbarn telefonisch um Rat gebeten hatte? «Cherchez la femme!», hatte sie gesagt, «Hassan ist ein Womanizer ...»

John fand nicht sogleich den Mut und die Worte, dieser Fährte zu folgen. Ob Mr. Mbelo denn gar nicht darauf vertrauen könne, dass er seinen Gärtner selber zu disziplinieren imstande sei? «Gewiss, vielleicht schon», hielt ihm der Inspektor kühl entgegen, «aber weshalb wollen Sie dann nicht mit ihm vor den Richter? Sie haben ja gar keine Ahnung, wen Sie da für sich arbeiten lassen!» Er, Mr. Mbelo, habe acht Jahre in der Western Province unter den Luya gearbeitet und auch gelebt. Er wisse, wovon er spreche. Das hatte gefehlt! Da waren sie nun pünktlich genug auch noch bei der kenyanischen Politik angelangt. Während er mit einem Ohr Mr. Mbelos Ausführungen über den Charakter und die Manieren der Luya lauschte, kam ihm eine Idee.

«Erlauben Sie mir, Mr. Mbelo, für einen Augenblick nur», fing er umständlich an, und er hatte sich einen Ruck geben müssen. «Erlauben sie, dass ich – ich bitte Sie, hypothetisch nur – dass ich Ihnen nochmals mit der Hypothese komme, das Mädchen hätte ihn gar nicht gesehen. Was in diesem Falle ja Anlass zu einer Verleumdungsklage geben könnte», konnte er sich nicht enthalten hinzuzufügen, obwohl ihm der Anwalt Vaz davon abgeraten hatte. «Das nimmt der bei einem Hausmädchen nicht ernst, selbst wenn er sie als Kronzeugin aufbietet. Er hat ja auch nicht damit gerechnet – und er wird es nicht begreifen, dass Sie sich für Ihren Gärtner dermassen ins Zeug legen.» Er selber sei ja, fuhr John vor Mr. Mbelos Haustür fort, so ganz unaufmerksam in solchen Dingen, aber die Frau seines Vorgängers habe ihm diesen Hinweis gegeben. Vielleicht möchte Ahmed ein ganz kleiner Frauenheld sein, habe sie angedeutet, und da sei sogar ihm selber plötzlich die Gründlichkeit aufgefallen, mit der der Gärtner auf der Leiter die Hecke zu schneiden und dabei wohl die Strasse zu begutachten pflege. «Gesetzt den Fall also, Ihr Mädchen hätte ihn verpetzt – weshalb hätte sie es getan? Können Sie, Inspektor, so sicher sein, dass er niemand beleidigt hat? Könnte sich das nicht eventuell Ihrer Kenntnis entziehen?» John war jetzt soweit, und er vermochte sich kaum zu denken, dass das folgende Argument eine Parade zulassen sollte. «Stellen Sie sich einmal vor, Mr. Mbelo, wir sässen da einem dummen Geplänkel zwischen einem Boy und einem Hausmädchen auf. Und dafür riskierten wir unseren nachbarlichen Frieden ...»

«Ich will Ihnen doch etwas erzählen, Doktor», entschied sich der Inspektor jetzt dafür, dass er Johns Visitenkarte doch studiert hatte. Das würde dauern, eine Stunde würde es alles in allem dauern vor dieser Haustür, stehend, was John gar nicht behagte. Für einmal war er glücklich, dass Regenzeit war und dass er, von einem Bein auf das andere tretend, auf seinem Schirm etwas Halt fand. Der Offizier, ein hohes Tier, das die Männer und auch den Chef der Quartierwache von Kilimani nach Lust und Laune herumdirigierte, war erst vor sieben Monaten nebenan eingezogen. Es war nur das «ÖWÄÄÄÄÄÄÄÄÄÄÄÄHH» gewesen, was John von dem Wechsel Notiz nehmen liess. «Ich war keine vier Wochen hier», fing Mr. Mbelo jetzt an, «als uns das erste Hausmädchen davonlief. Ich stellte also ein zweites ein. Was geschah?» Mr. Mbelo wurde nun bei jeder Etappe seines Leidenswegs weitschweifiger, und er brachte es dabei auf vier – oder waren es fünf? – Wiederholungen desselben mysteriösen Vorkommnisses. Kein Hausmädchen blieb länger als drei oder höchstens fünf Wochen. «Ich wollte wissen, was da lief, und schliesslich lieh ich mir eine Nichte aus, natürlich ohne jemand ein Sterbenswörtchen zu sagen, dass es sich da nicht um ein gewöhnliches Hausmädchen handelte.»

Mr. Mbelo war Kriminalinspektor, und bei seiner Nichte handelte es sich also um seine Sonderbeauftragte. Auf derselben Staatsliegenschaft hatte neben Mr. Mbelo ein gewisser Francis gewohnt, ein Lehrer, der seit kurzem ohne Stelle war. Es war dieser Francis, ein Luya natürlich, der Mr. Mbelo bei all den Hausmädchen als bösen, gefährlichen Mann denunziert haben sollte. Im Haus dieses Francis aber, dort wurde, «ich versichere Ihnen: mehrmals, mehrmals wurde da - ja wer wohl?! – Ihr Boy gesehen», schloss Mr. Mbelo.

John nicht, aber wie sich herausstellen würde, hatte einer der Vorgänger in seinem Haus und Büro den Lehrer gekannt. Bis zu Johns Bekanntschaft mit Mr. Mbelos Ziege war dies der einzige Kontakt zum nördlichen Nachbargehege geblieben. Mr. Mbelo hatte den arbeitslosen Lehrer zum Teufel gejagt. Die Nichte, die sich bewährt hatte, blieb erst einmal noch ein wenig, und es sah ganz danach aus, als hätte sie weiter zu tun. «Sind diese finsteren Kerle letzten Freitag nicht auch zu Ihnen gekommen? Drei waren es, und meiner Frau sagten sie, sie sollten das Wassermeter ablesen, und dann mochten sie es um keinen Preis finden. Kommt Ihnen das nicht bekannt vor?» Tatsächlich, die hatten auch bei John vor dem Tor gestanden. Er war alleine gewesen im Haus, noch in Pyjama und Hausrock und erzählte ihnen irgendeine Geschichte. Das Meter sei in der Garage, und er habe keinen Schlüssel dazu. Er sei nur ein Gast, und leider müssten sie später wiederkommen. Erst hatten sie sich nicht mehr gezeigt. Doch einige Tage darauf kehrten sie doch wieder, nachdem er zusätzlich zum Nachtwächter nun auch tagsüber einen Wächter beschäftigte. Der liess einen von den dreien herein, worauf dieser das Meter anglotzte, ohne sich einen Stand zu notieren.

«Letzten Freitag sah man Ihren Boy, Doktor», hakte Mr. Mbelo nach, «wie er sich vor Ihrem Tor mit den dreien unterhielt.» Doch da erwischte John den Inspektor: «War es wiederum Ihr Hausmädchen, entschuldigen Sie, Ihre Nichte, die ihn gesehen haben will?» entfuhr es ihm, ehe ihm einfiel, dass es in diesem Fall womöglich doch gewisse Aussichten gab – dass nämlich der Inspektor sich sogar das mit der Verleumdungsklage am Ende nochmals überlegen würde? Ahmed war an Freitagen nie in dem Viertel, wie John klarstellte. Als praktizierender Muslim befand er sich in Kawangware in der Moschee, ein hübsches Stück von der Olenguruone Road. «Dann war es am Donnerstag», berichtigte der Inspektor hastig, was vor Gericht nicht den besten Eindruck hinterlassen hätte. Aber sie hatten nun doch glücklich den Punkt erreicht, um es in jener ganz anderen Richtung zu versuchen, wo John bereits vor der Frauengeschichte gewisse Hoffnungen gesehen hatte.

Diese frischen Fussstapfen, die von seinem Haus auf das Schulgelände führten ... – die waren nicht wegzuwischen. Die Männer von der Polizeiwache hatten die Spuren zu Protokoll genommen und John darauf hingewiesen. Wenn es da keinen Durchgang zu seinem Haus gegeben hatte, dann konnte es mittlerweile bereits einen geben – oder aber John könnte ihn zugemacht haben ... «Ja», sagte John, bemüht um eine Grabesstimme, «auch mir haben die drei Männer mit dem Wassermeter gar nicht gefallen, und der Constable hat mir bestätigt, dass sich die Sicherheitslage in der Gegend verschlechtert.» Der Inspektor nahm den Ball bereitwillig auf: «Lieber Doktor, das alles fing an, nachdem ich den Lehrer von meinem Grundstück vertrieben hatte», versicherte er. Seitdem kämen die ganze Zeit Leute, die sich nach leerstehenden Zimmern, nach freien Jobs, nach Wassermetern und nach allem Möglichen erkundigten und dabei überall herumschnüffelten. «Und immer kommen sie in Gruppen, während sich sonst kein Mensch in Gruppen auf Arbeitssuche begibt und nirgendwo drei Männer drei Wohnungen gleichzeitig suchen gehen.»

«Aber finden Sie nicht auch, Inspektor» drang John in ihn, «wenn es hier Sicherheitsprobleme gibt, Inspektor, dann sind das unsere gemeinsamen Probleme. Ich denke, in diesem Fall müssen wir unbedingt zusammenarbeiten.» – «Sie können ganz sicher sein, dass wir Ihren Gärtner freiliessen, wenn es irgendeine Gewähr dafür gäbe, dass er dann mit uns zusammenarbeitet. Was glauben Sie, wozu wir ihn geschnappt haben?! Aber glauben Sie mir, Doktor, Sie kennen diese Leute nicht!» Endlich schien doch auch dem Inspektor die Leibesfülle in die Beine zu sinken. «Lassen Sie uns morgen weiter reden, Doktor. Ich war heute den ganzen Tag schlechter Laune, nachdem man mich wegen dieser ärgerlichen Geschichte am Morgen aus dieser wichtigen Sitzung gerufen hatte. Lassen Sie mich nachdenken. Passt es Ihnen um zehn Uhr? Bei Ihnen im Büro?»

Bisher hatte es nur Ahmed und auch er nur mit Unterstützung dahin gebracht, dass John in weissem Hemd und Krawatte hier in seiner Veranda sass. Er ging die Zeitungen zum dritten Mal durch. Der Himmel war eine einzige Ballung von schwerstem Gewölk, doch für einen Augenblick hatte die Sonne sich einen Weg geöffnet, und durch die Bougainvillea, die vor seiner offenen Veranda in einer breiten rosa Kaskade vom Dach fielen, sprenkelten hart geschnittene Strahlenbündel den Tisch. Wie dunkel es hier in der Regenzeit war! Drinnen im Büro, obschon die eine Wand fast nur aus Glas bestand, arbeitete er oft noch am Mittag bei Kunstlicht. Es war schon elf Uhr vorbei, und der Inspektor kam nicht. Auch das Telefon blieb still.

John hätte zu gerne gewusst, was Mzee Mwangi, der House Keeper, von der ganzen Geschichte gehalten hätte. Er vermisste ihn immer während der zweimal zwei Wochen Ferien, obschon der alternde Gentleman etwas nachliess, vor allem im Tempo seiner Verrichtungen, und dies bei seinem ohnehin schon so ruhigen Tagesablauf. Mzees Vertrauen zu Ahmed hatte Grenzen, aber das war auch schon alles, was John im Augenblick darüber sagen konnte. Die Reparaturen am Wagen würden sich noch einen, wenn nicht zwei Tage hinziehen. Es blieb nichts ausser arbeiten, wie alle Tage, und eigentlich war es ein Tag wie alle Tage, nur dass ausser dem Hausmädchen niemand da war. Er hatte nicht mehr mit dem Inspektor gerechnet, als dieser um halb zwei Uhr doch noch erschien. «Halten Sie sich bereit, Doktor!» sagte er, «ich komme abends um acht Uhr wieder», und verschwand sogleich wieder.

Es war nichts von den Meinungsverschiedenheiten des Vortags übrig, als sie sich auf der unbeleuchteten Strasse zwischen den grossen Pfützen gemeinsam den Weg in Richtung Polizeirevier suchten. Sie setzten sich dem freundlichen Constable gegenüber. In einer Art Kanon, alles noch einmal aus dem Mund des Constable, solange er dem Inspektor zu folgen vermochte, hielten die beiden John eine Vorlesung in kenyanischer Menschenkenntnis. Das Kernstück lehrte, dass man unter ihren Kompatrioten keinen einzigen kennen konnte, auch nicht nach 15 Jahren oder nach 25 Jahren, was sie durch eine beliebige Zahl prominenter Kriminalfälle zu belegen anfingen. John traute seinen Sinnen nicht, als der Inspektor zum Nachtisch sich Ahmed persönlich vorknöpfte. Er hatte sich davon keinen Begriff gemacht, als der Inspektor bereits auf dem Weg zur Wache erzählte, er sei in der letzten Zeit vor allem als Instruktor tätig. Selber hatte John früh allen Gefahren gewehrt, jemals Lehrer zu werden. Jetzt war er über diese Entscheidung wieder einmal richtig glücklich. Waren Lehrer nicht, gezwungenermassen bei ihrer Aufgabe, allesamt doch Polizisten? Bisher war er geneigt gewesen, Erwachsenenbildung auszunehmen, doch Mr. Mbelo liess ihn zweifeln. Denn dass der Inspektor dem Gärtner offenbar nicht viel mehr als die Hälfte seiner vierzig Jahre gab, blieb ein ganz unerhebliches Detail. Und jetzt sah John zum erstenmal ausser dem Polizisten im Lehrer auch den Lehrer im Polizisten am Werk.

«Du spielst mit Deinem Leben, junger Mann!» fuhr er Ahmed an, «ist dir das klar?!» – «Ja», sagte Ahmed, der nur mit Mühe seine Stimmbänder zu aktivieren vermochte. «Ja», wiederholte er mit den tiefroten Augen eines Fiebernden, «das ist klar.» – «Es ist dir natürlich nicht klar!» korrigierte ihn der Inspektor, «doch ich sage dir, du bist ein toter Mann, wenn du dich nochmals auf meinem Grundstück blicken lässt.» Vielleicht war es Mr. Mbelo in seiner Ekstase für einen Augenblick wieder entfallen, dass die Presse neben ihm sass; vielleicht aber auch nicht, denn in Kenya, wo Zuhälter keinen als solchen identifizierten Stand bilden, rangieren Journalisten im gesellschaftlichen Ansehen ganz zuunterst – nicht einmal vor den Gebrauchtwagenhändlern. Dazu kam, dass jemand, der Doktor hiess, in Kenya nicht im Ernst darauf bestehen konnte, er sei ein Journalist.

O Gott, dachte John, als Ahmed sich dazu hinreissen liess, Francis, den vertriebenen Lehrer, zu verteidigen, während der Inspektor den ehemaligen Nachbarn einen Dieb und Gewalttäter schimpfte. Dass Ahmed in dieser Lage sich für den arbeitslosen Freund verwendete, das war nicht viel weniger dumm als sympathisch. Es war zweifellos ein gravierender Fehler, und obschon der Inspektor für heute entschieden hatte, wäre dieses Detail nicht für Mzee Mwangi bestimmt. Ahmed band sich die Schuhe, als John ihm das Geld für die Fahrt nach Hause zusteckte. Es fuhren noch Busse.

Das Bier schlug der Inspektor aus, nicht aber eine warme Coca Cola, die John in seiner Vorratskammer glücklich auch fand. Sie setzten sich ins Wohnzimmer an den offenen Kamin und sprachen über Politik, diesmal nicht mehr über die Western Province und die Luya. Mr. Mbelo erwies sich als ein Mann der allervernünftigsten Ansichten. Ein Oppositioneller war der Offizier vielleicht doch nicht direkt, aber mit der politischen Führung ging er hart ins Gericht, und was ihm bei seiner Schelte ins Zentrum des Schussfeldes geriet, das war nichts anderes als die Korruption, diese epidemische Grossmeisterschaft der – ja, seiner kenyanischen Polizei. Kam das daher, dass der Inspektor so lange Jahre im Spezialeinsatz gegen gesetzlose Somali der Nordostregion zugebracht hatte? Dort musste es sich um einen wenigstens ebenso dürren Boden gehandelt haben wie heute bei Stätten seiner Lehrtätigkeit. Als Mr. Mbelo auf den Befreiungskampf und den Mau-Mau-Aufstand zu sprechen kam, stellte sich heraus, dass sein Heimatsdistrikt kein anderer war als der Heimatdistrikt von Mzee Mwangi.

«Er hat Ihnen eine Falle gestellt, Sir», meinte Ahmed, als John den Gärtner am Tag nach seiner Freilassung über die politischen Auffassungen des Inspektors ins Bild setzte. Gewiss hatte auch John bereits daran gedacht, aber mehr vollständigkeitshalber und diese Möglichkeit rasch verworfen. Des Inspektors Äusserungen waren nicht Show, solche Talente waren ihm nicht zuzutrauen. Ahmed, der sich nicht überzeugen liess, konnte dies nun wirklich nicht besser wissen. Zudem blieb da doch etwas sehr Sonderbares – in dieser unbesonnenen Rage, in die Ahmed, nicht mehr als ein Gärtner schliesslich, Mr. Mbelo versetzt hatte. Konnte das die Routine des Polizeiinstruktors sein?

Mzee Mwangi hatte noch kaum sein Gepäck abgestellt und bereits einen Anflug von Ordnung in den kriminalistischen Wirrwarr gebracht. Wie kurz doch der beste Rat trug! Cherchez la femme – John hatte es beileibe nicht überhört. «Aber natürlich», erklärte Mzee, «seine Frau da drüben denunziert ihre ganze Umgebung. Natürlich werden die Leute vor ihr gewarnt. Wegen ihr sind sie alle wieder gegangen, die Hausmädchen.»

War es möglich, dass der Inspektor davon tatsächlich nichts wusste? Oder er wollte es sich um keinen Preis eingestehen? John hörte erst eine Woche später, dass Mr. Mbelos Nichte, das falsche Hausmädchen, am Tag nach Ahmeds Verhaftung aus dem Nachbarhaus verschwunden war. Hatten nur einfach ihre speziellen Dienste als erledigt gegolten, oder waren noch andere Erwägungen im Spiel? War dem genasführten Kriminalbeamten diese Art Schützenhilfe für sein gehasstes Weib zuviel geworden? «Man kann es nicht wissen», sagte Mzee.

Für Mzee Mwangi war die Angelegenheit ganz und gar nicht mit den Frauen erledigt. Die ersten Tage nach seiner Rückkehr sprach der House Keeper sehr wenig. Er war noch ein wenig langsamer in seinen Handgriffen, er war nicht recht anwesend und schien zu grübeln. An dem Abend nach Ahmeds Freilassung hatte John dem Inspektor am Kamin sogleich freudig mitgeteilt, dass sein House Keeper auch aus Nanyuki sei, wie er, Mr. Mbelo. Mzee Mwangi sei ein echter Gentleman und ein alter Mau-Mau, der die Hälfte der fünfziger Jahre im Gefängnis verbracht habe. Der Inspektor hatte versprochen, er werde nach Mzees Rückkehr auf einen Schwatz herüberkommen. «Ja, sicher, versuchen Sie ihn daran zu erinnern», meinte Mzee, gar nicht überzeugt davon, dass der Inspektor tatsächlich kommen würde. Bisher war er stets auf Dienstreise, wie seine Frau versicherte, und seine Rückkehr verzögerte sich nochmals und nochmals. «Mbelo – einen solchen Namen kennen wir nicht in Nanyuki», fügte Mzee nach einigem Nachdenken hinzu.

Am nächsten Tag war er noch etwas tiefer in sich versunken. John fragte ihn, so beiläufig wie möglich, was er von der neuen Errungenschaft des Tagwächters halte. Die Männer der Polizeiwache von Kilimani hätten es empfohlen und ebenso Vaz, der Anwalt. Die Antwort liess nicht auf sich warten: «Nicht für sehr lange», sagte Mzee sehr bestimmt. «Wir setzen kein gutes Zeichen», fuhr er nach einer Pause fort, und schüttete noch etwas Schnupftabak in das Grübchen hinter dem hochgespreizten Daumen. «Wir geben den Leuten zu verstehen, dass es hier etwas zu holen gibt. Angst zeigen dürfen wir nicht. Ausser wir bauen gleich ringsherum eine Mauer mit Scherben obendrauf.»

John sah ihn fragend an. «Aber da ist noch etwas», rückte er jetzt doch mit seinen schweren Gedanken heraus. «Ich habe schon am ersten Tag zu Ahmed gesagt, wenn die Polizei erst einmal die Augen auf jemand gerichtet hat, dann gibt es kein Entkommen. Es ist das Ende deines Lebens, habe ich zu Ahmed gesagt.»

John klang dieser Satz vertraut in den Ohren, und für den Gärtner musste er noch um einiges vertrauter geklungen haben. «Falls es wirklich Ahmed ist und er gegen ihn etwas hat», hörte er Mzee weitersprechen, «oder wenn er ihn braucht. Man kann es nicht wissen. Jetzt, da er weiss, wer Sie sind, wird er es beim nächsten Mal sorgfältiger einfädeln.» Er verstummte für einen Augenblick. «Ich fürchte, dieser Bela oder wie er heisst ist klüger als die von der Wache in Loresho drüben. Jedenfalls wäre es schön, wir würden ihn sehr viel besser kennenlernen, als wir ihn jetzt kennen.» Er ging hinaus und verschwand in seinem kleinen Haus gegenüber, wortlos, wie er es immer tat, wenn er noch etwas Wichtiges aufgehoben hatte und sich zuerst versichern wollte, dass John die Auskunft gebührend zu schätzen verstand und in der Küche darauf wartete. John erinnerte sich erst jetzt wieder, dass ihm die Frau des Vorgängers beiläufig erwähnt hatte, wie früher eine Zeitlang hinter Mbelos Haus drüben Autos gespritzt wurden. Er hatte Ahmed mehrmals eingeschärft, sich an dieser Hecke nicht mehr blicken zu lassen.

Mzee blieb noch etwas länger als sonst in seinem Zimmer drüben. Mr. Mbelo näher kennenlernen? Wieviel würde das ändern? Es würde für eine längere Zeit ganz unklar bleiben, unter welchen Umständen und, wenn überhaupt, woran bei dieser Geschichte ein Ende als solches zu erkennen sein könnte. Soviel war John bereits einsichtig, ehe er von der folgenden Runde etwas ahnen konnte. Ging Mzee jetzt schon weniger gern aus dem Haus?

Mzee war ein Bauer, stolz darauf und immerfort auf Ausschau nach Regen. Auf seinem täglichen Botengang, besonders gern an der Bushaltestelle gleich um die Ecke, zog es seinen Blick unwiderstehlich himmelwärts. Wie alle Tage war er wieder einmal zum Tor hinaus gegangen, als an der Einfahrt der Nachbarn ein Hausmädchen stand. Eine Nichte? Eine Sonderbeauftragte? «Mzee – », sprach sie ihn höflich an; sie suche ein Zimmer, und ob er ihr nicht vielleicht weiterhelfen könnte? Nicht er selber, aber er kenne Leute im Viertel, die es vielleicht könnten. Er hatte ihr die Namen genannt und war umgehend ins Haus zurückkehrt, an jenes Bürofenster, wo jenseits der Hecke seit kurzem wieder eine vertraute Stimme erschallte, morgens zwei Stunden «ÖWÄÄÄÄÄÄÄÄÄÄÄÄHH», ÖWÄÄÄÄÄÄÄÄÄÄÄÄHH» und «ÖWÄÄÄÄÄÄÄÄÄÄÄHH», und am Nachmittag zwei Stunden «ÖWÄÄÄÄÄÄÄÄÄÄÄÄHH», «ÖWÄÄÄÄÄÄÄÄÄÄÄÄHH» und «ÖWÄÄÄÄÄÄÄÄÄÄÄÄHH». Richtig, diesmal bedeutete dies Advent, und Mbelos gingen auf Weihnachten zu – eine gefährliche Zeit in Kenya, wo viele Leute zuwenig daraus zu machen vermögen. Drüben, unweit der Ziege, hatte sich pünktlich das Hausmädchen eingefunden, und zufrieden schärfte ihm Madame Mbelo ein: «Gut gemacht, bis jetzt. Das nächste Mal also fängst du zu schreien an – zu Hilfe! zu Hilfe! – so laut du kannst – zu Hilfe! er will mich vergewaltigen!»

War Madame Mbelo am Ende pervers? Die Frage war von untergeordneter Bedeutung, und sie würde es bleiben, ob nun üble Träume ein nächstes Mal selbst Mzee verfolgen sollten oder ob in seinem ungläubigen Lächeln zurecht immer etwas Säuerliches lag, wenn John ihn wieder einmal scherzhaft fragte, ob nicht auch er mehr gedacht als gesehen habe. «Pervers» war kein Synonym von «gefährlich». Darin fühlte sich John ganz mit dem House Keeper einig. Einerseits war nicht jede Perversion ein starker Motor der Arglist, und andrerseits war Heimtücke nicht auf den Unterleib angewiesen. Im Augenblick sollte diese nächste Runde noch mehrere Monate auf sich warten lassen, und in der Zeit bis dahin sollte John nochmals, ohne ihn anzutreffen, hinübergehen und bei der Gattin vergeblich seine Einladung an Mr. Mbelo erneuern.

«Ahmed muss sehr, sehr vorsichtig sein, in der nächsten Zeit», setzte er die Worte eins hinter das andere, als er nun doch zurück in die Küche trat. Es gab keinen Zweifel, dass Mzee Mwangi soeben schon von sich selber gesprochen hatte. «Vor drei Jahren», fuhr er leise fort, «da gab es drüben in Loresho diese Serie von Einbrüchen. Das ging weiter, und es ging weiter und wollte überhaupt nicht mehr aufhören. Die Polizei fand nie einen Täter, nicht einen einzigen. Bis zum Schluss dachten sie nicht daran, auch hie und da Täter zu finden. Können Sie sich das vorstellen?» fragte er und zog sein Schnupftuch aus der Hosentasche. «Ein Jahr später stellte sich heraus, dass hinter all den Einbrüchen die Quartierwache selber steckte. Vielleicht haben sie etwas gelernt, man kann es nicht wissen. Wenn sie das nächste Mal daran denken, dann finden sie Täter. Und in diesem Land», schloss er, während er sich langwierig die Nase schneuzte, «in diesem Land ist das das Ende deines Lebens. Ahmed muss sehr, sehr vorsichtig sein.»

Nairobi, April 1994

Visum
Anmarsch und Ausbeute

Umwege

Señor Segundo Obiang Nguema, wie wir ihn nennen wollen, zeigt sich persönlich nicht. Der Konsul der Repùblica de Guinea Ecuatorial schickt stattdessen seinen Bürodiener hinaus ins Vorzimmer. Die Veranda, über die man das äquatorialguineanische Konsultat in der kamerunischen Hafenmetropole Douala betritt, geht nach Norden, zur Schattenseite des Hauses hinaus, und an seltenen Tagen, bei etwas weniger üppigem Dunst, errät von dort aus der Blick im Westen unsicher etwas vom mächtigen Mount Cameroon. Zur Südseite hin ist das Vorzimmer ohne Fenster. Falls sich das im Büro des Konsuls anders verhält, dann kann an solchen Tagen Señor Segundo Obiang sein Heimatland von blossem Auge ausmachen, zumindest den dreitausendundsieben Meter hohen Pico de Basilé. Den Vulkan auf der Insel Bioko, die zu Generalissimo Francos Zeiten Fernando Póo hiess, bräuchte man nicht einmal zu Fuss zu besteigen. Es führt eine Strasse hinauf zu einer grossen Relaisstation, wo Südafrika zur Zeit der Apartheid die schwarzafrikanische Führungsmacht Nigeria auszuhorchen bestrebt war. Doch dieser Anlage halber ist der Berg militärisches Sperrgebiet. Muss man unter solchen Umständen Äquatorialguinea trotzdem besucht haben?

«Äquatorialguinea ist bei der Uno in Genf diplomatisch vertreten», lässt der Señor consulado bestellen, «und hier in Kamerun erhalten Schweizer daher nur dann ein Visum für unser Land, wenn sie in Kamerun niedergelassen sind.» Wenn sie nun aber in Kenya niedergelassen sind? «Das müssen Sie uns beweisen können.» Der kenyanische Presseausweis eignet sich nicht bei dieser Amtsstelle, der kenyanische Führerschein ist vor eineinhalb Jahren gestohlen worden, und dass der Pass von der Schweizer Botschaft in Nairobi ausgestellt wurde, hat im äquatorialguineanischen Konsulat von Douala ebensowenig zu sagen wie die kenyanische Aufenthaltsgenehmigung, die sich darin findet. Señor Segundo Obiang und seine Untergebenen lesen kein Englisch. Kompetent ist in solch aussergewöhnlichen Fällen höchstens die äquatorialguineanische Botschaft in Yaoundé.

Die kamerunische Kapitale ist der langweiligste und ein sehr unfreundlicher Fleck unter der Sonne, und obendrein liegt Bamenda, wo der kamerunische Oppositionsführer Ni John Fru Ndi wartet, in der entgegengesetzten Richtung. Doch wäre ein äquatorialguineanisches Visum nicht einen Tag Umwege wert? In Yaoundé gibt es auch eine Schweizer Botschaft, und vielleicht tut die äquatorialguineanische ihr den Gefallen, wenn die Schweizer Botschaft höflich darum nachzusuchen bereit ist? Zwar ist sie das, wie sie am Telefon gerne versprochen hat. Aber wie sich in seinem Büro herausstellt, handelt es sich bei dem Kanzlisten in Fleisch und Blut – nennen wir ihn Fritz Hämmerli – entgegen seiner Versicherung doch um einen der ganz unbeugsam ehrlichen Kompatrioten. Er hat es beim äquatorialguineanischen Geschäftsträger ausgeplaudert, dass der Gesuchsteller, der ja um Gottes willen nur ein Tourist sein wollte, ein Pressemann sei.

Ihn wollen wir Juan Nguema Onguene nennen, den Encargado de los negocios in der äquatorialguineanischen Embajada in Yaoundé. Er empfängt sofort und will auf der Stelle ein Schreiben ans Aussenministerium in der äquatorialguineanischen Hauptstadt Malabo abfassen. Noch in keinem Fall ging so etwas gut, und hier könnte die Geschichte eigentlich zu Ende sein. Doch Señor Nguema geht das keinesfalls in den Kopf. Nicht nur die Vertretungen von 45 anderen afrikanischen Staaten haben bisher dem Journalisten Visa ausgestellt, auch er wird es tun, und dies ordentlich, nicht augenzwinkernd wie andere, die sich – warum nicht? – auf den Standpunkt stellen, sie könnten über den wahren Beruf dessen, der sich ihnen gegenüber als Kunsthändler ausgibt, sowieso nicht im Bilde sein ... Aber woher denn auch! Señor Nguema tut sein Bestes, und niemals soll jemand behaupten dürfen, er hindere Journalisten am Besuch seines Vaterlandes; die Wahrheit ist ganz das Gegenteil. Das Schreiben kann gefaxt werden, und geantwortet wird ihm noch heute, um vier Uhr nachmittags beim täglichen Radiokontakt. Wenn der Herr Journalist noch heute in Bamenda eintreffen und von dort aus direkt nach Douala zurückfahren muss, dann kann Señor Nguema seinen consulado Segundo Obiang instruieren, so dass das Visum nach der Rückkehr aus Bamenda doch in der Hafenstadt ausgestellt wird.

Ohne Zweifel kann an ihm nichts scheitern, aber ... – bei vielen, vielen afrikanischen Staatsverwaltungen wären für diesen Amtsweg doch wenigstens zwei Monate zu veranschlagen. Die äquatorialguineanische könnte zu diesen gehören? Ehe ob einer solchen Insinuation dem Encargado de los negocios die Tränen der Kränkung kommen, was sich tatsächlich deutlich ankündigt, machen wir uns nach einstündigem Hin und Her nun doch vereint an die Abfassung des Schreibens. Nachdem es von der Sekretärin auf einer grossen Remington, die den Kunsthändler eigentlich interessiert haben müsste, mit zwei Durchschlägen ins reine getippt worden ist, bekommt endlich auch der Taximan, der draussen gewartet hat, wieder zu tun. Wir fahren jetzt mit dem Schreiben ans äquatorialguineanische Aussenministerium zum Telefonamt von Yaoundé.

Die Telefonistin stellt die Nummer ein einziges Mal ein, und an diesem Ende der Leitung hören wir es im Aussenministerium von Malabo ganz unverkenntlich klingeln und weiter klingeln. Das Faxgerät muss in der Mittagspause sein oder vielleicht auch den Verpflichtungen eines Zweitjobs ausserhalb des Ministeriums obliegen. Die Situation weckt eine liebe Erinnerung an eine andere der 53 Kapitalen Afrikas, an Sao Tomé, wo einst Maximinho, der einheimische Berufskollege, mit dem Wirtschaftsministerium telefonisch in Kontakt zu treten suchte. Auch da – es war um elf Uhr vormittags – klingelte es am andern Ende ganz umsonst. Was tun? Fritz Hämmerli will die Kanzlei der Schweizer Botschaft eben verlassen, als er mit dem Schreiben der äquatorialguineanischen Botschaft ans Aussenministerium abgefangen wird. Es gehört eigentlich nicht zu Fritz Hämmerlis Aufgaben, es zu übermitteln, doch man ist ja nicht so, er will es tun.

Zwei Tage später – Fritz Hämmerli bestätigt es am Telefon nach Bamenda – hat er, leider erst Stunden zuvor, im Display seines Faxgeräts «Sendung ok» gelesen. Wie vereinbart, hat er in Yaoundé bei der äquatorialguineanischen Botschaft den Encargado persönlich über den etwas verzögerten Erfolg ins Bild gesetzt. Aber nein, keine Spur, sagt nun Señor Nguema seinerseits am Telefon nach Bamenda, er habe von der Schweizer Botschaft nie wieder etwas gehört.

Der Versuch wird abgebrochen, denn Cameroon Airlines – die einzige anglophone oder immerhin zweisprachige Körperschaft des offiziell zweisprachigen Zentralstaates Kamerun – fliegt am kommenden Wochenende von Douala nicht nur nach Malabo, sondern auch nach Bangui in der Zentralafrikanischen Republik, wo man unter anderem zum Beispiel am idyllischen Fluss Lobaye Pygmäen besuchen kann. Die Zentralafrikanische Republik ist überhaupt ein ganz anderes Land als Äquatorialguinea, und nebenbei zeichnet es sich dadurch aus, dass es als einziges Land zwischen der Sahara und Simbabwe Schweizer ohne Visum willkommen heisst. Zum Zeichen dafür, wie sehr er den Genfersee liebte, räumte einst Kaiser Bokassa unilateral diese Hürde beiseite, und seither kam darauf niemand zurück.

Aus der zentralafrikanischen Hauptstadt wird zwar, ausser über Europa, kaum mehr ein Weg zurück nach Nairobi führen. Doch in anderer Hinsicht erweist sich Bangui als Ausgangspunkt. «Wie hätten Sie's gerne?» fragt aufs höflichste der Kanzlist der tschadischen Botschaft. «Gültig erst in drei Monaten? Können wir machen, und das Visum wird dann noch drei Monate gültig bleiben. Ich schreibe »Transit mit Aufenthalt von einem Monat« – reicht Ihnen das?» Auch in der tschadischen Hauptstadt Ndjamena war schliesslich zwei Jahre zuvor ein erster Versuch fehlgeschlagen. «Mettez-le dans l'avion!» hatte der Chef der Einwanderungsbehörde nachts um drei auf dem Flughafen angeordnet, und ohne den vorgesehenen Zwischenhalt war die Reise von Niamey, Niger, direkt nach Addis Abeba weitergegangen. Der Station Manager von «Ethiopian Airways» hatte vergeblich geltend gemacht, dass sich die tschadischen Behörden seiner Fluggesellschaft gegenüber verpflichtet hätten, bei bestätigtem Weiterflug allen Reisenden auf dem Flughafen Visa zu erteilen. Der Station Manager sprach kein Französisch, und bei der tschadischen Grenzpolizei sprach niemand englisch. Der betroffene Fluggast als der einzige verfügbare Dolmetscher fiel wegen Befangenheit ausser Betracht.

Beim nächsten Mal aber, drei Monate nach der Niederlage bei der äquatorialguineanischen Botschaft in Yaoundé, würde sich in Ndjamena alles auf das erfreulichste abspielen, und bei der deutschen Botschaft in Tschad fände sich anstelle des Botschafters ein ausgesuchter Stellvertreter: der deutsche Konsul aus Douala, der sich verbürgt, beim nächsten Mal besorge dort er bei seinem äquatorialguineanischen Amtskollegen das gewünschte Visum in einer halben Stunde.

So weit würde und müsste es allerdings niemals kommen. Denn schliesslich gibt es ausser in Kamerun, Gabon und Nigeria eine äquatorialguineanische Botschaft auch noch in Addis

Abeba. Dort, am Sitz der Organisation der afrikanischen Einheit, sind wahrscheinlich alle 53 afrikanischen Staaten vertreten. Weiss es jemand genau? Auf dem 15stündigen Flug von Senegal in die äthiopische Hauptstadt bleibt jetzt das Flugzeug vier Stunden auf dem Rollfeld von Ouagadougou, der burkinabischen Hauptstadt, stehen. Aber hat nicht der äquatorialguineanische Geschäftsträger in Äthiopien der Schweizer Botschaft bereits telefonisch versichern lassen, dass er das gewünschte Visum ohne weiteres ausstellen wird? Wieder wird eine Schreibmaschine – vielleicht eine alte Remington? – in Aktion treten. Die Sekretärin wird die zwei Antragsformulare tippen, denn solche gibt es bei der äquatorialguineanischen Botschaft in Addis Abeba keine. Aber schliesslich wird es sie geben, und das äquatorialguineanische Visum, das binnen 90 Tagen zu einem Aufenthalt von 15 Tagen ermächtigt, wird die Nummer 0000018 tragen.

Ouagadougou, September 1994

Perversionen

Vom 3007 Meter hohen Pico de Basilé sieht man nichts, auch nicht durch die Fenster der Boeing von Iberia, die als einziges Düsenflugzeug Malabo anfliegt, um in den Pfützen und Weihern nach einem Rollfeld zu tasten – Kurs IB 3720 ab Madrid, jeden Sonntag. Santa Isabel war bis 1973 der Name der äquatorialguineanischen Hauptstadt auf der Insel Fernando Póo, die heute Bioko heisst. Den spanischen Einwanderern, die nach der Mitte des letzten Jahrhunderts – viele von den Balearen – auf der tropischen Insel eintrafen, war wohl die Hitze vertraut, weniger die fast ganzjährige Sintflut im Golf von Guinea und noch weniger die Kombination von beidem. Solange die Wassermassen nicht über die modernden Häuser kommen, sind sie dabei, sich mit diesem Ziel wenige Meter darüber zu ballen, und falls den achtzig Prozent Katholiken in Äquatorialguinea die jenseitige

Bedeutung des Wortes Himmel bekannt ist, so kaum die diesseitige. Das Klima allein scheint eine Emanzipation von den Fesseln des Urwalds zu unterbinden. Die Unterwelt kann nicht fern sein. Auf den 150 Kilometern einer Umrundung der Insel nähert man sich ihr wiederholt, schon auf den hohen Viadukten am steilen Osthang des Berges und noch mehr an dessen Südfuss, wo im engen, dunklen Stollen durch das Unterholz die Lianenvorhänge über Windschutzscheibe und Dach des Landrovers rasseln.

Bei der spanischen Botschaft ist man überrascht, dass ein Journalist ein Visum erhalten hat. Besuch der internationalen Presse offenbar nicht ganz, aber der Vertrieb aller ihrer Erzeugnisse ist verboten. Auch die hiesige Presse tritt nur gelegentlich mit einer Erinnerung daran hervor, dass es sie nicht gibt. Einige Male im Jahr wird illegal «La Verdad» gedruckt; der unabhängige «El Sol» erschien nach endlosen Verhandlungen mit den Behörden am 18. Oktober mit der Ausgabe Juli/August, und auch das amtliche Organ «Ebano» begeht nur selten einen ganz besonderen Anlass. Radio und Fernsehen befinden sich als Propagandainstrument unter der ungeteilten Verfügung des Regimes. Schliesslich gibt es ausser im spanischen und im französischen Kulturzentrum auch nirgends im ganzen Land ein einziges Buch zu kaufen. An Kartenmaterial finden sich die zwei undatierten Blätter einer «Geografia Particular», worauf das als Hauptstadt ausgezeichnete Buea am Mount Cameroon drüben wohl auf die ehemals britischen Southern Cameroons und damit auf die fünfziger Jahre verweist. Die Briefmarken lauten noch auf die alte Währung des Ekwele, die 1985 beim Beitritt des Landes zur frankophonen Communauté financière africaine durch den Franc CFA ersetzt wurde. Sie sind von der Weltpostunion nicht anerkannt.

Das gespenstische Ambiente zwischen Santa Isabels katalonischen Fassaden vertieft sich, wenn einheimische Bekanntschaften für die restlichen Tage verschwunden bleiben oder wenn selbst ein Taxifahrer am zweiten Tag auf diesen Kunden verzichtet. Mit 42 Ministern scheint die Regierung fast das Prädikat «breitabgestützt» zu beanspruchen, aber im Informationsministerium ist gegen zehn Uhr morgens niemand da und zwei Stunden später niemand zuständig. Zum Ausgleich sind kaum Banditen zu fürchten. In Malabo mit seinen 40'000 Einwohnern, die zu allem hin miserabel bei Kasse sind, herrscht auch am Abend wenn nicht Ordnung, so immerhin vorwiegend Ruhe. Nur die sudanesische Hauptstadt Khartum verbietet es vielleicht, diesen Albdruck als derzeit einzigartig auf dem Kontinent zu bezeichnen. 1994 habe es im Land keine aussergerichtliche Exekution mehr gegeben, versichert der Vertreter der USA, die wie Spanien, die Europäische Union und die Uno ihre diplomatische Präsenz auf Geschäftsträgerniveau reduziert haben. Die blutige Phase seiner Familiendiktatur konnte Präsident Teodoro Obiang Nguema Mbasogo schon 1979 bei seinem Militärputsch gegen seinen Onkel Macias Nguema für weitgehend abgeschlossen erachten. Bilanz der elfjährigen Herrschaft Macias': zwischen 5000 und 10'000 politische Morde und eine Diaspora von mehr als einem Drittel der damals insgesamt wenig mehr als 300'000 Staatsangehörigen. Das «einzige Wunder Äquatorialguineas», als das sich der Präsident auf Lebenszeit zu titulieren pflegte, wurde nach einem Sonderverfahren auf Befehl seines Neffen, des Sicherheitschefs und der unbestrittenen Nummer 2 seines Regimes, exekutiert, nachdem die Legende auf seinen Posters selbst in den Kirchen verkündet hatte: «Dank Macias schuf Gott Äquatorialguinea. Ohne Macias gäbe es Äquatorialguinea nicht.» Nach einem Intermezzo sowjetischer und kubanischer Partnerschaften wurden der dekretierte Atheismus von 1978 wiederum aufgehoben, ebenso das Verbot christlicher Taufnamen sowie der Vokabel «intellektuell». Die westlichen Partner, für deren ausreisewillige Staatsangehörige – auch für spanische Priester – zuvor Lösegelder zu bezahlen waren, kehrten nach Malabo zurück.

Äquatorialguinea blieb die Privatdomäne eines winzigen Clans der Fang, der Esangui von Mongomo, einem Nest an der Ostgrenze zu Gabon. Der ehemalige Sandkasten spanischer Faschisten vom Schlage eines Carrero Blanco blieb in der Tradition eines Caudillismo lateinamerikanischen Zuschnitts. Was dieses afrikanische Imitat zu jeder Zeit von den karibischen Staatskarikaturen eines Trujillo oder der Duvaliers unterschied, war die interne Instabilität des erweiterten Familienunternehmens Nguema. Abhilfe dagegen schuf Hassan II von Marokko, der seinem Freund Obiang unmittelbar nach dessen Machtergreifung eine Truppe von 400 bis 600 Mann Leib- und Palastwache einschliesslich Folterpersonal zur Verfügung stellte. Die 2000köpfige Armee ist nahezu ohne Bewaffnung, wie dies, von Knüppeln abgesehen, vollends für die Polizei gilt. Bis auf zwei Dutzend Leibwächter wurde die marokkanische Schutzmacht letztes Jahr abgelöst durch eine Miliz, genannt die ninjas, geschult und ausgerüstet von Frankreich, das in den letzten zehn Jahren nichts unversucht liess, um die ehemalige Kolonialmacht Spanien aus der Rolle des wichtigsten Partners zu verdrängen, und sich in diesen Bemühungen vorbehaltlos an den Bedürfnissen des Regimes orientierte. Der präsidiale Clan von Mongomo bestreitet seinen Haushalt zum einen aus der öffentlichen Verschuldung, die mit 260 Millionen Dollar bei einer mausarmen Bevölkerung von rund 350'000 im Lande verbliebenen Staatsangehörigen im afrikanischen Vergleich hoch ist. Für das übrige Geld sorgt der Einstandspreis für auswärtige Unternehmen – in der Regel 25 Prozent der Anteile, die den handverlesenen einheimischen Partnern à fonds perdu zu überschreiben sind. Äquatorialguineanische Vertretungen im Ausland, die mit der Anbahnung solcher Geschäftsverbindungen betraut sind, machten den Gastgeberbehörden öfter mit kriminellen Machenschaften zu schaffen – wobei vermutlich nur Spitzen der Eisberge ans Licht treten. Die Wirtschaft des Landes, das in den sechziger Jahren eines der höchsten mittleren Einkommen in der Region erreicht hatte, erholte sich nicht. Von einer Kakaoproduktion von 38'000 Tonnen 1968 ist heute ein Jahresausstoss von kaum 5000 Tonnen übrig; die Kaffeeausfuhr sank von 8500 Tonnen 1968 auf wenig über 1000 Tonnen, und beim wichtigsten Exportgut, den Tropenhölzern, wurde von den 337'000 Tonnen von 1967 bis heute nie mehr die Hälfte erreicht. Von den 25'000 nigerianischen Pflanzern, deren Evakuation 1976 der Wiedereinführung der Zwangsarbeit auf den Kakaoplantagen vorausgegangen war, kehrten ebenso wenige zurück wie von den Angehörigen der Diaspora in Spanien, Kamerun und Gabon. Die Infrastrukturen blieben dem Verfall überlassen, und von Einrichtungen wie einem Gesundheitswesen oder einer höheren Schulbildung ist so viel wie nichts übrig, obschon Äquatorialguinea – ganz anders als etwa die ehemals spanische Sahara – in den sechziger Jahren ein im regionalen Vergleich passables soziales Entwicklungsniveau vorzuweisen hatte.

Wie in 42 von 48 Staaten südlich der Sahara trägt das politische System seit Anfang 1992 den Namen eines Mehrparteiensystems, und im Büro des Partido del Progreso gibt es ein Telephon. Damit kann der Vorsitzende Severo Moto Nsa von Malabo aus ein weiteres Büro seiner Oppositionspartei erreichen – jenes in Bata auf dem Festland. In dem kleinen, von der Geographie zerrissenen Land können sich die Leute kaum fortbewegen. Zurzeit gibt es keine regulären Flugverbindungen zwischen der Hauptstadt auf der gut 2000 Quadratkilometer umfassenden Insel Bioko und Rìo Muni, dem 26'000 Quadratkilometer umfassenden kontinentalen Territorium zwischen Gabon und Kamerun, auf das rund vier Fünftel der Landesbevölkerung entfallen. Das Passagierschiff verkehrt etwa dreimal monatlich zwischen Malabo und Bata und bedient zweimal oder dreimal im Jahr die 2000 Bewohner der Insel Annobon etwas weniger als 600 Kilometer südwestlich von Bioko. Tickets für die zwölfstündige Überfahrt zwischen Malabo und Bata sind teuer gehandelte Mangelware.

Ausser etwas mehr als einem Dutzend Parteien gibt es bis heute keine einzige legale Organisation in dem Land, weder eine Gewerkschaft noch sonst einen Interessenverband. Der Antrag auf Zulassung einer Menschenrechtsliga liegt dem Innenministerium seit eineinhalb Jahren vor. Noch unter der neuen demokratischen Verfassung demonstrierte das Regime im Dezember 1992 mit 100 bis 150 Verhaftungen, dass sein Sicherheitsapparat die gesamte namentlich bekannte Opposition binnen weniger Stunden auszuschalten vermag. Die willkürlichen Verhaftungen, die kein Ende gefunden haben, gehen in den meisten Fällen mit teils schweren Misshandlungen einher.

Nicht ganz zwei Jahre nach der Einführung des Mehrparteiensystems liess die äquatorialguineanische Regierung im November 1993 allgemeine Wahlen abhalten, organisiert vom Verwaltungsapparat einer 25jährigen Diktatur. Ein akzeptables Wahlregister gab es nicht, ebensowenig eine unabhängige Wahlkommission. Wie siebzig bis achtzig Prozent der Wähler beteiligten sich die drei wichtigen Oppositionsparteien nicht an dieser Art von Urnengang. Seitdem hängt über ihnen das Damoklesschwert eines Parteiengesetzes, das sie mit der Auflösung wegen Partizipationsverweigerung bedroht. Washington hat die Hilfe ausgesetzt, die EU hat sie auf das geringfügige Engagement in noch laufenden Projekten reduziert. Spanien trat in den letzten Jahren mit hohem Profil für die demokratischen Reformen ein, und nachdem auf die Wahlen hin der spanische Konsul in der Küstenstadt Bata ausgewiesen worden war, halbierte Madrid Ende des letzten Jahres die Hilfe. Die französischen Zuschüsse flossen weiter.

Das Exempel Äquatorialguineas lehrt, dass auch angesichts einer denkbar destruktiven Staatsführung für die Diplomatie westlicher Partner deren Rivalitäten bestimmend bleiben. Was stattdessen in dem schwerkranken Land nottäte, wäre nicht eine Wunderheilung durch ein äusseres Engagement, zu dem sich niemand willens und in der Lage findet. Ein gutes Stück könnte allein dadurch geholfen sein, wenn das Fatalste an Einflussnahme unterbliebe. Die diplomatischen Vertretungen der westlichen Partnerstaaten bilden die einzige Gegenmacht, welche während der letzten Jahre die repressive Willkür des Regimes unter Teodoro Obiang Nguema mehr schlecht als recht im Zaume zu halten vermochte. In der äquatorialguineanischen Hauptstadt Malabo sind dies die ehemalige Kolonialmacht Spanien, Afrikas spezieller Mentor Frankreich, ferner die Delegation der Europäischen Union und schliesslich die USA.

Mit einem Engagement im Jahresvolumen von etwa 25 Millionen Dollar bis 1993 blieb Spanien Äquatorialguineas wichtigster Partner in der Entwicklungszusammenarbeit und damit zugleich der wichtigste Arbeitgeber für grosse Teile des einheimischen Gewerbes. Die Vertreter des Madrider Aussenministeriums machen kein Hehl daraus, dass sie in der einzigen ehemaligen Besitzung südlich der Sahara zunächst innenpolitische Interessen ihrer Regierung vertreten. Die Opposition zu Hause pflegt Rechenschaft zu fordern, unabhängig von Interessen der spanischen Wirtschaft, die weder ins Gewicht fallen noch nationalen Charakters sind. Heute leben in Äquatorialguinea etwa 800 Spanier, vielleicht ein Zehntel der spanischen Gemeinschaft vor der Unabhängigkeit von 1968. Soweit sie privaten Geschäften nachgehen, tun sie dies in Partnerschaft mit Leuten Obiangs, und ganz ähnlich wie im Fall der verbliebenen Kongobelgier sind ihre Interessen das Gegenteil der Interessen ihrer Regierung, die um ihre moralischen Noten besorgt ist. Für eine Wiederaufnahme der Kooperation im bisherigen Umfang stellt Madrid dem Regime in Malabo drei Bedingungen: Normalisierung der bilateralen Beziehungen, Fortsetzung der demokratischen Reformen und Beachtung der Menschenrechte. Während das Regime Obiangs seit Jahresbeginn Zurückhaltung übte, blieben greifbare Fortschritte aus.

Um in der Beurteilung der Wahlfarce vom November 1993 Frankreich von einem weiteren afrikanischen Alleingang abzuhalten, waren persönliche Interventionen des spanischen Regierungschef González bei Präsident Mitterrand erforderlich. Dessen Botschafter Jasques Gazon, der im September nun abgelöst wurde, amtierte in Malabo dennoch weiter als eine Art Chefberater, welcher die Führung Obiangs darin unterwies, wie die Sanktionen der EU am besten zu unterlaufen seien. Ausser um die strategischen Leitlinien der afrikanischen Grossmacht Frankreich und um die Pflege ihrer Sprache ging es einer derartigen Interessenvertretung bisher um einige Aufträge, darunter ein Kraftwerk zum Preis von etwas mehr als 100 Millionen französischer Francs und einige Jahre zuvor ein Präsidentenpalast von ungefähr halb so grossem Kostenumfang. Viereinhalb Jahre nach Mitterrands Bekenntnis zur afrikanischen Demokratie und bald drei Jahre nach Einführung des Mehrparteiensystems in Malabo, hat nun Gazons Nachfolger in der französischen Botschaft auf die letzten Oktobertage den ersten Empfang einer Delegation von Oppositionspolitikern anberaumt.

Seit die französische Regierung nach zehnmonatiger Krise im Nachbarland Gabon Ende September ein Abkommen zwischen dem Regime Omar Bongos und der Opposition unter Dach gebracht hat, keimen Hoffnungen, dieser Premiere der Pariser Diplomatie könnte in der Region Modellcharakter zukommen und ein vielbeschworener neuer Geist in der Umgebung Premierminister Balladurs befinde sich gegenüber dem Elysée Mitterrands und der alten gaullistischen Garde von Afrikapolitikern doch auf dem Vormarsch. Erwartungen, die Grande nation könnte in Zentralafrika künftig nicht nur ausschliesslich Tyrannen, sondern auch Demokraten unterstützen, sind verfrüht. Für Äquatorialguineas grossen Nachbarn Kamerun kann das gabonesische Abkommen kein Vorbild sein, weil dort die Opposition noch immer unter der anglophonen Führung John Fru Ndis steht. Geht es ausserdem, wie im Fall Äquatorialguineas, um eine strategische Rivalität und dies wohlverstanden innerhalb der EU, dann gibt die Massstäbe nach wie vor ein Blick auf Zaire, dessen Staatschef Mobutu soeben auf dem frankoafrikanischen Gipfel von Biarritz an der Seite Mitterrands sein Comeback zum Abschluss gebracht hat.

Der letzte amerikanische Botschafter in Malabo, Earnest J. Bennet, von offiziellen äquatorialguineanischen Stellen als Hexenmeister belobigt, erwarb sich diese Auszeichnung durch sein prononciertes Eintreten für die Anliegen der Opposition. Eine Abstimmung mit Spanien ging damit nicht einher, eher das Gegenteil. Während Madrid das Regime auf den eigenen Reformkurs zu verpflichten sucht, ging das State Department ohne diesen Umweg auf Suche nach Alternativen und behalf sich dabei mit einem zweifelhaften Rezept. Auf der Insel Bioko, wo die Hauptstadt Malabo liegt, gibt es aus langer Tradition die Autonomieansprüche der Bubi, einer nationalen Minderheit von weniger als zehn Prozent, die aber als die ursprüngliche Bevölkerung der Insel dort lange Zeit die Mehrheit stellten. Unter anderem auf diese Karte setzte Bennett, obschon die Bubi heute sich auch auf Bioko den Fang gegenüber in der Minderheit und mit ihren Ansprüchen auf verlorenem Posten finden.

Es wird in diesem Zusammenhang auf den ersten Erdölfund einer amerikanischen Firma verwiesen, off-shore vor Bioko, und angesichts der Konkurrenz der französischen Elf-Aquitaine sähen sich die amerikanischen Interessenten ganz wie in Kongo und Gabon gerne mit einer anderen politischen Führung im Geschäft. Bennett, der im Frühsommer nach Washington zurückgerufen wurde, desavouierte nicht nur mit ganzem Recht die Franzosen, sondern hielt auch den Spaniern vor, es gehe ihnen einzig um geordnete Beziehungen zum Regime Obiang. Laut spanischen Auskünften haben sich Hoffnungen auf substantielle Erdölvorkommen inzwischen zerschlagen.

Die Uno zählt auch hier nicht zu den westlichen Partnern, und wenn sogar in Malabo in einer Frage einmal ein sogenannter Donatorenkonsens erzielt wird, was wie ersichtlich nicht die

Regel ist, dann gibt es die Weltorganisation, um ihn ad absurdum zu führen. Den nächsten Test für die Absichten des Regimes, die ausser in Paris übereinstimmend mit grösstem Pessimismus beurteilt werden, bilden die Munizipalwahlen, die ursprünglich für diesen November angesetzt waren. Die versammelten Geber einschliesslich der Uno setzten einvernehmlich mit der einheimischen Opposition im Juni beim Regime durch, dass die anstehende Volkszählung zugunsten der Erstellung eines brauchbaren Wahlregisters zurückgestellt wird. Die Uno entsandte daraufhin einen neuen Repräsentanten nach Malabo, der auf der Stelle das Gegenteil dieser Vereinbarung ins Werk setzte. Die Opposition rief zum Boykott der Volkszählung auf, wonach nun deren Resultate unbrauchbar sind und es ein brauchbares Wahlregister weiter nicht gibt.

Malabo, Oktober 1994

Ein Lapsus in Kiew
Eine Agenturmeldung

In der sierraleonischen Hauptstadt Freetown ist kurz vor Mitte März ein Telefaxschreiben eingegangen. Dies berichteten mehrere westliche Nachrichtenagenturen unter Berufung auf offzielle Quellen in dem bürgerkriegsgeplagten westafrikanischen Kleinstaat, der mit telekommunikativen Mitteln nicht zu jeder Zeit und nicht von überall aus leicht zu erreichen ist. Diesem Umstand zum Trotz gelang es dem Absender, einer ukrainischen Regierungsstelle, auf diesem Weg einen Auftrag zu bestätigen und per 15. Mai den Abgang einer Lieferung zuzusichern, deren weitere Details das besagte Faxschreiben auflistete.

Gesicherte Aufschlüsse, was den Auftraggeber betrifft, vermochten die Agenturmeldungen nicht beizubringen, obschon die Unklarheit, die beim ukrainischen Absender diesbezüglich bestanden haben muss, dem Empfänger in Freetown Anhaltspunkte für gezieltere Mutmassungen gab. Es müsse sich um den ehemaligen Staatschef Joseph Momoh handeln, der nach dem Militärputsch vom April letzten Jahres im benachbarten Guinea Exil gefunden hat. Als Inhaber des empfangenden Faxgeräts und abonniert auf den betreffenden Anschluss, hielt das sierraleonische Verteidungsministerium fest, es selber habe weder die fraglichen Waffen noch die Munition bestellt, die ein russischer Spediteur per Luftfracht nach Burkina Faso und von da über Guinea ins Land bringen sollte.

Freetown, April 1993

Wetin na dis ples di nem?

Aw di day?» Nicht schlecht, «no bad», aber heiss und schwül ist der Tag, nach dem sich der Zeitungsverkäufer mit der geläufigsten Grussformel erkundigt. Mit der tiefsten je gemessenen Temperatur von 19° C erhebt die sierraleonische Hauptstadt Freetown Anspruch auf einen Weltrekord. Und wie geht's ihm, dem Zeitungsverkäufer: «Aw di bohdi?», grüsst der Fahrer zurück. «Bohdi fine!», versichert jener und, zum Beifahrer gewandt, wie um sich selber seines leiblichen Befindens noch einmal zu vergewissern: «Di bohdi well!» Es ist halb neun Uhr morgens, und bei über dreissig Grad giesst es in Strömen. «Aw di Missis?» hakt der Fahrer nach, offenbar besorgt um den Haussegen des Zeitungsverkäufers. – «Di Missis?» ... hält dieser suchend inne, «di Missis ... – well, di Missis busy!»

Auch die zahlreichen Guineaner, die zumeist noch zur Zeit Sekou Tourés und der kommunistischen Vollnarkose des so reichen Nachbarlandes auf Arbeitssuche hier eintrafen, hatten das sierraleonische Kreol rasch intus, obschon man sie nach zwanzig Jahren noch untrüglich an ihrem charmanten französischen Akzent erkennt. Der Grundstein ist sofort gelegt, und ebenso rasch und aufmunternd folgen sich Fortschritte in der Bedienung dieses kommunikativen Vehikels, das in der «Province of Freedom» vor zweihundert Jahren ganz auf Völkerverbindung angelegt wurde. Krio heisst dieses Kreol hier, das an der ältesten Universität südlich der Sahara, am 1827 gegründeten Fourah Bay College, seit langem auch wissenschaftliche Zuwendung findet. Anders als der Wildwuchs des nigerianische Pidgin English profitiert es zudem von seiner robusten Provinzialität. Professor Akintola Wyse, Leiter des Department of History, der über die Sprache eine der jüngsten Arbeiten publiziert hat, folgt nicht der etablierten Etymologie, die das Wort «Kreolen», ursprünglich die Bezeichnung für die Nachkommen der westindischen Siedler, auf das spanische «criar» – ernähren, aufziehen – zurückführt. Er leitet «Krio» von «kiriyo» ab, was in der Yoruba-Sprache den Brauch freier Afrikaner bezeichnet, sich nach dem religiösen Feiertagskult wechselseitig zu besuchen.

Geschichte hat in Westafrika viel von einem tropischen Legendengarten, wo auch poetische Kraftakte von Historikern angehen mögen, wenn sie die fragliche Angelegenheit auf den Punkt bringen. Sierra Leones Kreolen können dafür ein Beispiel geben, denn wenn man mit ihrem Namen ernst macht, gab es sie eigentlich nie. Es waren nicht mehr als einige Hundertschaften von emanzipierten Schwarzen, die Ende des 18. Jahrhunderts über den Atlantik zurückfanden. Nachdem die britische Krone 1808 die «Province of Freedom», eine private philantropische Stiftung, als erste Kolonie in Westafrika übernommen hatte, gesellten sich zu den paar jamaikanischen und neuschottischen Einwandererfamilien etwa 70'000 bis 80'000 Afrikaner zumeist aus abgefangenen Sklavenschiffen: Wolof und Bambara aus dem Norden und Nordwesten, Kongolesen und Angolaner aus dem Südosten und sehr viele Yoruba und Ibo aus dem späteren Nigeria. Die vielfältigen Hemmungen und Schranken hielten grösseren Zeiträumen oft doch nicht stand, und in manchen Gegenden hat sich Afrika stark gemischt, bezieht unter anderem daraus seine Vitalität.

Beim sierraleonischen Kreolentum handelt es sich um ein durch und durch afrikanisches Kulturgemenge, und als Verkehrssprache etablierte und behauptete sich das Krio mit seiner angelsächsischen Basis dank seiner Einfachheit. Von den Volksgruppen des Hinterlandes trennte diesen maritimen Schmelztigel die Hinfälligkeit ethnischer Identitäten. Die Kolonie blieb bis zur Unabhängigkeit von 1961 administrativ getrennt von dem Protektorat, das 1896 über Sierra Leones künftigem Staatsgebiet errichtet wurde. Der Zuzug aus den autochthonen Stämmen vollzog sich als ein sozialer Aufstieg in die Elite von Freetown mit ihren elementaren Errungenschaften in Bildung und Wohlfahrt. Die Grenzen der «Province of Freedom» sind kenntlich geblieben, die Krone sorgte nicht nur mit zwei Jahrhunderten europäischer Architektur in der Hauptstadt für Kontrast zum unterentwickelten Hinterland.

Die internationalen Hotels stehen fast alle am Nordende des Lumley Beach, im Vorort Aberdeen. Vorbei an der Pirate Bay haben wir über die Brücke die Altstadt erreicht, von wo sich der Toyota die steilen Serpentinen zur Universität hinaufmüht. Der Rundblick über die Stadt mit den Docks und hinüber auf die tief eingeschnittene Mündungsbucht des Sierra Leone River kann einem Vergleich mit der Aussicht vom Fels von Gibraltar beinahe standhalten.

Hier endet der Strassenbelag, und im ersten Waldstück empfängt eine Tafel: «You are now entering Leicester in the Mountain Rural District – Welcome». Da es die letzte Tafel ihrer Art ist, fragt von nun an der Fahrer eingangs der Dörfer: «Wetin na dis ples di nem?» – was ist jetzt der Name dieses Orts? «Glosta», rufen lispelnd die Mädchen mit den blauen Plasticeimern auf dem Kopf, und auf der Karte liest man Cloucester. Kurz nach Regent, bei der Abzweigung nach Grafton, steigt ein Anhalter zu, der uns aber in Hastings gleich wieder verlässt. Ab Waterloo sind wir im Busch, und – Macdonald und Russell hinter uns – windet sich die Strasse nun über Stock und Stein rund um die Peninsula, bis sie die Westküste mit ihren schneeweissen Stränden erreicht. Auch York Town ist ein überaus armseliges Kaff. «Wetin na dis ples di nem?» – «Sussex!» Bald sind wir wieder in Aberdeen. Namen waren es auch, mit denen die Filiationen der schwarzen Elite der Küstenkolonie ihre «kreolische»

Identität bewahrten, um unter Siaka Stevens, dem ersten Präsidenten, fast ein Vierteljahrhundert über die Unabhängigkeit hinaus in Verwaltung und Wirtschaft eine exklusive Stellung zu behaupten.

«Stone wey dey bottom wata, no no sabi wen rain dey cam», mahnt ein Krio-Sprichwort. Ein Stein unter Wasser merkt nichts, wenn der Regen kommt. Und solange er unter Wasser liegt, merkt er auch nichts, wenn droben die Welt rings um ihn austrocknet. Ausser dem Krio und einigen kosmopolitischen Reminiszenzen, welche die anglophile Exotik an den Namen haften lässt, ist von Sierra Leones Kreolentum nicht viel übrig. Die Elite hat das Weite gesucht, ob Kreolen oder nicht. Geblieben sind gegen 10'000 Libanesen. Seit Generationen kontrollierten sie landesweit einen entscheidenden Anteil des Handels. Ihre Zahl soll vor wenigen Jahren noch mehr als das Doppelte gewesen sein, und bei einer Bevölkerung von etwas über vier Millionen stellten sie damit, wie auch im schwarzamerikanischen Nachbarland Liberia, die erforderliche Belegschaft für eine veritable Kolonisation. Von dem, was in dem Land mit seiner kriegsgeplagten Wirtschaft noch funktioniert, halten noch immer vieles die Libanesen im Gange. Was die Zukunft betrifft, so versichert einer ihrer Veteranen, dessen Vater hier steinreich wurde, ein Ende des mittlerweile über zweijährigen Kleinkriegs im Minendistrikt von Afrikas drittwichtigstem Diamantenexporteur sei nunmehr definitiv nur noch eine Frage von Monaten.

Einiges spricht dafür, dieser Aussage ein gewisses Gewicht beizumessen. Doch die Vergangenheit drückt das Land mit einer Last, die wenig zu tun hat mit der musealen Kulisse, in der die Hauptstadt ihr ostentativ jugendliches Leben führt. Nach vielen Jahrzehnten der Vernachlässigung und schreiender Entwicklungsdiskrepanzen hadern heute die Stämme um Anteile an der Zentralgewalt. Der 27jährige Captain Valentine E. Melvin Strasser, der zwar im Kreise der afrikanischen Staatschefs der Jüngste, im inneren Führungszirkel der neuen sierraleonischen Junta aber der Älteste ist, vermag bei der Geschäftswelt nicht viel Optimismus zu stiften. Auch persönliche Berater aus westafrikanischen Bruderländern halten nichts von den «Boys», die wochenlang diskutierend herumsässen, ohne – ausser Todesurteilen – Entscheidungen zu fällen.

Das persönliche Fortkommen der «Boys» in der verkehrsverstopften Stadt sichern weitverzweigte Sperrbezirke; und wer in einem Militärvehikel des State House durch dieses halsbrecherische Freetown gesteuert wird, der sehnt sich direktesten Wegs zum Wellington Creek, wo er auf der Fähre die Stadt in Richtung Lungi Airport verlassen wird. «SMOG!», wird er vielleicht auf den Stossseufzer des nigerianischen Pidgin-Englisch zurückgreifen – «SMOG!»: Save me o God! Von einer freien Stadt hat er nur einen Namen gefunden, nicht mehr als von den portugiesischen Seefahrtspionieren des 15. Jahrhunderts, die dieses Land, das sie getauft hatten, niemals betraten. Die heulenden Winde der Peninsula Mountains in den Ohren, glaubten sie in Freetowns Buchten die Löwen brüllen zu hören, und sie tauften das Land Serra Leãoes – Sierra Leone.

Leicester in the Mountain, April 1993

Sobels?

Wieviel Geld in Sierra Leone ist und das Land verlässt, ist nicht bekannt. Dass es im afrikanischen Vergleich sehr viel ist, steht fest. In einem Afrikajahrbuch steht zu lesen, die Menge der legal exportierten sierraleonischen Diamanten sei in den Jahren von 1970 bis 1989 um 97 Prozent zurückgegangen. Die offiziellen Zahlen für 1989 – für die verbliebenen drei Prozent – verdreifachten sich bis 1992. Wo bleibt das Übrige? Die Korruption sei nie schlimmer gewesen als heute, da der angebliche Kampf dagegen nur erhöhte Gefahren nach sich ziehe, die zum tieferen Griff in die Tasche zwängen, sagt ein Geschäftsmann, der mit dem Land seit langem vertraut ist. Das altersgeschwächte Freetown, einst Hauptstadt der ersten afrikanischen Besitzung der britischen Krone, ist in seiner heutigen Ausdehnung für wenig mehr als eine Viertelmillion Bewohner angelegt. Die Bevölkerung hält sich in der Grössenordnung des Dreifachen, und dies bei äusserstenfalls 70'000 Beschäftigten. Monatssaläre im mittleren Bereich von 30 bis 40 Dollar reichen für den Reisbedarf einer Woche. «Di wan den we dii sell den boku pass di wan den we dii bay», sagt es im sierraleonischen Kreol von den Märkten das Sprichwort: die, welche verkaufen, sind viel mehr als die, welche kaufen.

«Warum gibt es keine Entwicklung in Afrika?», fragte vor Jahren der ugandische Präsident Yoweri Museveni. «Weil es in Afrika», so seine Antwort, «zu einfach ist, unter einem Baum zu überleben.» Eine Zeitlang, wäre hinzuzufügen. Sierra Leones Kindersterblichkeit steht bei 25 Prozent, die mittlere Lebenserwartung bei 42 Jahren, die Alphabetisierung bei wenig über zwanzig Prozent. Das Land mit seinen vier bis viereinhalb Millionen Einwohnern und einer Fläche von etwas weniger als jener Österreichs verzeichnet auf der jährlich erscheinenden Uno-Weltrangliste des Entwicklungsstandes Bewegungen in den untersten drei Rängen.

Die Uno kann zu weiteren Vergleichen inspirieren: Denkt man an afrikanische Politiker, vielleicht an den Aussenminister eines Landes wie Burundi, dann handelt es sich dort mit einiger Wahrscheinlichkeit um einen Mann, der in seinem Amt ausharrt, bis er sich einen hinsichtlich seiner Bedürfnisse angemessenen Uno-Posten besorgt hat. In seinem Fall liesse sich dieser Posten auch hinsichtlich seines Bildungsgangs als ungefähr angemessen betrachten. In Anbetracht der Mitglieder des National Provisional Ruling Council (NPRC), des per Dekret regierenden höchsten sierraleonischen Gremiums, fällt niemandem ein Gedanke ein zur Frage, wo diese Verantwortungsträger inklusive des nunmehr 29jährigen Oberhaupts Valentine Strasser sonst noch einsetzbar wären. Ghanaische Berater intervenieren beim stellvertretenden Staatschef, er hätte sich beim Empfang des Botschafters eines Geberlandes aus seinem Sessel erheben sollen. Schwieriger ist in Erfahrung zu bringen, was ihm diese Berater in weniger den Stil betreffenden Fragen beizubringen versuchen.

Bei dem Mass und der Art ihrer Entbehrlichkeit kann Politikern ihr Amt oft ganz unentbehrlich werden. Unentbehrlich ist ihnen in Sierra Leone womöglich aber nicht nur das Amt, sondern auch der Krieg. Es war eine aus Liberia eingeschleppte Rebellion, in Kombination mit der Vernachlässigung der Armee durch das Vorgängerregime Joseph Momohs, was Captain Strassers jugendliche Militärs im April 1992 an die Macht befördert hatte. Auf das Versprechen, die Ordnung wiederherzustellen, folgte eine Versechsfachung der Streitkräfte von etwa 2000 auf vielleicht 12'000 Mann und eine Verschärfung der Sicherheitsprobleme, die gegen ein Viertel der Bevölkerung von ihren Dörfern fernhalten. Die Zahl sierraleonischer Flüchtlinge in Guinea liegt bei einer Viertelmillion, ihre Anzahl in Liberia und jene der Vertriebenen im Landesinneren sind Grössen eines Ratespiels: gegen eine halbe Million oder mehr im Land, 100'000 oder 200'000 in Liberia?

Was in sechs von Sierra Leones dreizehn Distrikten herrscht, ist nicht ein bewaffneter Pluralimus identifizierbarer Parteien wie in Teilen Tschads und – um einiges höher entwickelt – in Somalia oder wie die stetig wandernden und sich neu verhakenden Bürgerkriege Liberias. Es ist eine bewaffnete Anarchie im Wortsinn, Herrschaft nicht einer Ordnung, sondern der Unordnung. Teile der Armee sorgen für Ruhe im Westen und in Freetown, und es gibt – man man kann es von Tag zu Tag nicht genau wissen – Enklaven einer fragilen Ordnung im Norden, Süden und Osten. In den vergangenen Monaten wurden die eskortierten Konvois im Osten zeitweilig fast täglich überfallen, und Angehörige verloren dabei nicht nur europäische Hilfsorganisationen und kirchliche Missionen, sondern auch die Truppen von Strassers nigerianischer Verstärkung.

Es waren dies Monate, als niemand mehr glaubte, dass es die Rebellion der schattenhaften RUF (Revolutionary United Front) überhaupt noch irgendwo im Land gab. Manchenorts waren und sind es trotz des Privilegs ihres kostenlosen Daseins zu einem Teil reguläre Armeeangehörige, die am bedrohlichsten gegen das Gesetz aufbegehren und sich bei dem, was von zivilem Wandel und Handel noch übrig ist, eindecken. Zu weiteren Teilen sind es Deserteure oder ordinäre Banditen. Sie stossen, ausser auf loyale Truppen und aufeinander, auf Gegenwehr auch von bewaffneten Geheimbünden, die wie auch die zu Selbstverteidigungskräften umfunktionierten Jägervereinigungen teils mit der Regierung zusammenarbeiten und teils nicht.

Die Systeme der Allianzen sind zu komplex, um stabil zu sein, zumal Zusammenarbeit in einer Angelegenheit nicht auch Zusammenarbeit in einer anderen bedeutet. In Sierra Leone werden heute soldiers wie rebels gleichermassen «sobels» genannt, und welcher der beiden Aspekte beim individuellen «sobel» im Augenblick überwiegt, hängt davon ab, in welchem seiner Geschäfte er gerade aktiv ist. Auch die Figuren an der Staatsspitze verfolgen teils divergente Interessen. Strassers Stellvertreter Julius Bio mit seiner Basis der Mende als Sierra Leones grösster Ethnie sieht eine Zukunft als Politiker. Das bedeutendste, derzeit nur in privatem Luftverkehr zugängliche Minenzentrum Koidu im östlichen Distrikt Kono steht unter Kontrolle der mehr kommerziell orientierten Kreolenfamilie des Staatschefs, die dort laut diplomatischer Quelle mit einer israelischen Firma zusammenarbeitet, unter dem Schutz eines Aufgebots im Umfang eines halben Bataillons.

Bei einem unerwarteten «Rebellenangriff» auf das nördliche Städtchen Kabala wurden zwei Briten entführt, worauf namens der RUF ein sich Foday Sankoh nennender Mann im Funkkontakt mit der britischen Botschaft die Regierung in London aufforderte, ihre – nicht existierende – Rüstungshilfe an Strassers Regime einzustellen und die RUF formell als politische Kraft zu anerkennen. Dem Vernehmen nach sollen die britischen Identifikationbemühungen durch biograhische Fragen an den Mann so weit gediehen sein, dass an der Echtheit des seit einem Jahr verloren geglaubten alten Rebellenführers wenig Zweifel übriggeblieben sind. Aber da Zweifel in Sierra Leone bei allem angebracht sind, melden sich Zweifel auch daran, ob es nicht irgendjemand in der politischen Führung Freetowns ist, der in Wahrheit die Fäden dieses sich Foday Sankoh nennenden Mannes zieht. In den ersten Dezembertagen handelten nahe der liberianischen Grenze Abgesandte ein Waffenstillstandsabkommen aus, welches in der Zwischenzeit von der RUF-Delegation ihrem Chef unterbreitet werden sollte.

Da sich in der Armee ausser bei einigen speziellen Verbänden kaum noch etwas von Hierarchien und Kommandostrukturen erkennen lasse, entdecke er aber trotz solchen Verhandlungen kaum ein Element, das zu einer Besserung beitragen könnte, sagt einer der besten Kenner des Landes. Wie in manchem anderen afrikanischen Land wurde die traditionelle Institution der Chieftancy seit der Unabhängigkeit durch massive Eingriffe der Zentralregierungen pervertiert. Zurückgeblieben ist Stoff für tausendundein Intrigen der Rache, vermehrt noch durch Aktivitäten aus dem Exil – von geflohenen Spitzenpolitikern wie von vertriebenen Geschäftspotentaten. Zieht alle Soldaten ab, und wir werden Frieden haben, lautet dennoch der Rat der Chiefs. Wo wollte die Regierung mit ihnen hin? Vom Exempel seines eigenen Antritts sollte Strasser zudem geblieben sein, dass er als Staatschef die meisten seiner Truppen sich so weit wie möglich vom Leibe zu halten hat.

Der Optimismus eines Mannes wie James Jona hört sich verzweifelt an. Der freigestellte Assistenzsekretär der Uno hat in seinem Heimatland den Vorsitz der Wahlbehörde übernommen. Er versichert, stünden dazu nur die Mittel bereit, so könnte man morgen mit den Wahlvorbereitungen anfangen. Er vergleicht Sierra Leones Landstrassen mit dem New Yorker Subway, wo auch Polizisten umgebracht würden. Trifft der Vergleich vielleicht für die Täter zu, so weniger für die Opfer, von denen hier manche weniger unbescholten sind als in New York. Dulden die Polizisten hier Wahlen? Aber auch den westlichen Gebern fällt zur Lage nichts Besseres ein. «Augen zu und nach vorn!» wird auf einer Botschaft die allgemeine Ratlosigkeit auf ihre Formel gebracht. Besser so als noch viel schlimmer, und vielleicht tragen Aktivitäten wie solche Pseudowahlvorbereitungen dazu bei, die Situation wenigstens auf diesem Niveau zu stabilisieren, «damit nicht auch noch hier in Freetown alles zusammenkracht», wie auf der besagten Botschaft hinzugefügt wird.

Die Wähler sollten im Mai und Juni registriert worden sein; sie sind es nicht. Im kommenden Juli wären die Parteien zu gründen, deren Vertreter im Dezember gewählt werden müssten, einen Monat zuvor schon der Präsident. Bei der kurzen Frist könnten nur die alten Parteien auferstehen, gegen die Strasser seine Jungmannschaft nach Freetown geführt hatte. Schon in der Verkündigung seines «Transition program» vom November 1993, des Fahrplans der Rückkehr zur demokratisch gewählten Zivilregierung, fanden sich zum Schluss die Worte: «Long live the NPRC Government!»

Freetown, Dezember 1994

Pays sans Pitié
Drei Streiflichter

Ankunft

Maintenant c'est le pays sans pitié qui commence», sagt der Fahrer, als wir den sierraleonischen Grenzposten zurücklassen und auf den guineanischen zusteuern. Aber obwohl nach dem Dutzend sierraleonischer Strassensperren zwischen Freetown und der Grenze auch auf der guineanischen Seite noch einmal halb soviele zu passieren sind, werden sich unsere Befürchtungen als unbegründet erweisen; wir werden nicht zuviel Zeit verlieren, um an einem Tag die 550 Kilometer von der sierraleonischen Hauptstadt bis ins guineanische Fouta Djalon zu bewältigen. Gelb ist vielleicht nicht die ideale Farbe für einen Mercedes, aber die billigste derzeit in Freetown, denn gelb sind dort fast alle, die so neu aussehen. Dieses Gefährt mit seinen zwölf oder vierzehn Jahren und 220'000 Kilometern wird noch weite Strecken zurücklegen.

Die Beamten, zur Mehrheit freundlich und aufgeräumt, geben nicht sofort zu verstehen, weshalb unter ihnen gar keine Barmherzigkeit zu finden sein sollte. Es ist nicht wie in Zaire, wo sich angesichts von Uniformierten leicht die Frage stellen kann, ob man mit einem Computer für zehn Dollar an ihnen vorbeikommt oder ob es nicht doch bald bei der Hälfte der 200 Dollar bleibt, die sie anfänglich fordern. In Zaire ist diese Frage bis jetzt eine Frage des Verhaltens geblieben, eine Frage der

Komplimente und der Witze, die man bereit hält. In Sierra Leone, so hat der Fahrer erklärt, könne er sich gelegentlich durchbetteln: «Please!! please!!, sonst gebe ich euch immer etwas, aber dieses eine Mal habe ich nichts, und meine Mutter ist krank, please!! with the mercy of God, er wird's euch vergelten.» Diesmal hat er jedesmal seinen Spruch aufgesagt, er habe vor dem Mammy Yoko Hotel mit eigenen Augen gesehen, wie sein Fahrgast aus dem Wagen des Vizestaatschefs gestiegen sei. «I am so sorry», liess sich da anfügen, «als Journalist darf ich euch kein Geld geben, sonst muss ich das schreiben, denn dazu kriege ich das Geld. Was kann ich da machen?» Nichts, schien in einem Wort, aber doch etwas verwirrt, die Antwort nur lauten zu können. In Sierra Leone lässt man sich verunsichern, hier dagegen: «Ici c'est sérieux», sagt der Fahrer, hier gibt es keinen anderen Weg. Gelacht wird vielleicht nachher.

Und «sérieux» ist der Fahrer auch selber. Chernor Bah, sein Name sagt jedem, dass er trotz dem sierraleonischen Pass einen exilguineanischen Peul vor sich hat, für den ein etwas höherer Tarif zur Anwendung kommt. Zum einen ist es dies, aber mehr noch ist es der Umstand, dass er hier im Soussou-Land in der Soussou-Sprache angesprochen wird, was es Chernor als einem aufrechten Peul verbietet, mit seiner Indignation zurückzuhalten. Mit französischen Rückfragen darf er sich nicht begnügen; «je ne parle pas le soussou», sagt er, und es klingt fast, als täte er es auch dann nicht, wenn er es könnte. Auch seine heisse Ware, die Rohdiamantensplitter seines Chefs, die er mitführt und zu meiner Schonung mir erst nach bestandener Gefahr zeigt, schüchtert ihn angesichts der Uniformierten nicht ein. Er ist ein Muslim, der bei den täglichen fünf Gebeten für kein Versäumnis eine Entschuldigung gelten lässt und bei Verhinderung durch höhere Macht jedes nachholt. Nicht minder genau nimmt er es jetzt mit den Tarifen. Er glaubt, der Umstand, dass im Wagen kostenlos eine Zollbeamtin mitfährt, müsste unseren Wegzoll herabsetzen. «Mach keine Geschichten», tönt es – sans pitié

– zurück, «du wirfst das Bonbon hin, und die Sache hat sich.» Die Zollbeamtin sitzt mit eingezogenem Kopf im Wagen.

Chernor ist seit elf Monaten nicht zu Hause in Pita bei seiner Familie gewesen. Die für ihn unverhoffte Gelegenheit war es, was die weite Reise erschwinglich werden liess. Dennoch scheint ihm auch auf hartnäckige Fragen hin nichts daran zu liegen, in Pita die Nacht zu verbringen. Also beziehen wir in Dalaba Quartier. Dort, im neuen Hotel eines Parisiens, brüten französische Ethnologen – ein besonderer Menschenschlag, scheint es manchmal, der sich ausser mit einem Bart besonders gerne auch mit einer Pfeife verkleidet. Am früheren Abend brüten sie über grossen handgezeichneten Karten, um anschliessend beim familiären Essen sich gegenseitig mit horrenden Wortkaskaden zu überwältigen. Auch in der Umgebung gibt es Wasserfälle und darum herum Nadelwald, aber der Parisien, der das Hotel führt, winkt ab: «Ja, wenn sie aus den Schweizer Bergen kommen, dann müssten Sie wohl zehn Monate hier sein, bevor Sie das interessiert.»

Chernor hat alleine an seinem Tisch gegessen, im Saal der Gäste, nicht wie üblich mit dem Personal des Hotels. In Freetown war es in Fragen unserer Umgangsformen recht unproblematisch gewesen: «Yes Sir» hörte sich dort aus Chernors Mund stets mehr an wie das «Yessa!» des sierraleonischen Kreol, das zwar auf das englische «Yes Sir!» zurückgeht, im Kreol aber als ein simples, nachdrückliches «jawohl!» mit Rangordnungen nicht viel zu tun hat. Wir haben schon ein paar Tage zuvor vereinbart, dass auch wir an der Grenze die Sprache wechseln würden. Jetzt, auf französisch, siezen wir uns gegenseitig, nicht nur er als der Jüngere mich, wie es in einem solchen Arbeitsverhältnis üblich ist. Sein Vater, wäre er Taxifahrer, hielte dem Kunden gegenüber an seinem «oui patron!» fest, und wenn der Kunde der jüngere wäre, siezte er – vielleicht – den Fahrer ohne Anrede zurück. Das ungewöhnliche Arrangement, und der unerwartete Umstand, dass auch er ein Zimmer erhält, statt im Wagen zu schlafen, stürzt Chernor in eine leichte Verwirrung. Er wartet darauf, dass sein «patron», der ihn siezt, nach dreizehn Stunden Fahrt auch noch täglich mit ihm zu Abend essen will. Er verbirgt seine Enttäuschung nicht und geht ohne Gruss schlafen. Am Morgen hat er sich erholt.

Zum ersten Mal seit elf Monaten in Pita, sagt Chernor nach einer Familienversammlung von einer knappen Stunde, er sei abmarschbereit. Aber nein, der Rest des Tags gehört ihm, nachdem wir bereits früh morgens ohne Anhalten durch Pita hindurch nach Labé gefahren sind, um mit Sicherheit vor dem Mittag wieder bei ihm zu Hause zu sein. Wo sind nun seine zwei Töchter, von denen er in Freetown mit Stolz gesprochen hat? Ein Mann ohne Nachwuchs, und wenn es ein Europäer ist, bleibt in ländlichen Gebieten Afrikas ein Unding, und entweder erzählt er etwas, was keinen Sinn ergibt, oder er ist krank, vielleicht aber auch beides. Wir werden abends vor der Rückfahrt nach Dalaba nochmals bei ihm zu einer Mahlzeit einkehren. «Aber nein», hat er schliesslich erklärt, «die sind bei ihrer Grossmutter», als er, auf der Rückfahrt aus Labé, die Einhundertdollarnote unter dem Spiegel in der hochgeklappten Sonnenblende verschwinden liess. Vor allem für seine beiden Töchter war der Zustupf gedacht, und er hat es gehört. Wir brechen auf, im Fonds des gelben Mercedes der aîné, der Erstgeborene seiner Familie. Ohne den aîné wäre sein Vorhaben nicht ins Auge zu fassen. Wenn etwas dem horrenden Druck des Wandels in solchen Gesellschaften einigermassen unversehrt standgehalten hat, dann sind es Reste traditioneller Strukturen.

Es ist nicht eine, es sind zwei Grossmütter, und im Alter sind Chernors Töchter nur wenige Monate auseinander, beide gegen dreizehn. Chernor sagt, er sei knapp über dreissig, und etwas mehr als 13 Jahre seien es jetzt, seit er nach Freetown umzog. Die eine der Mütter sei damals vielleicht jünger gewesen als heute die Tochter. Diese Grossmutter empfängt ihn auch heute noch nicht. Die andere schon, und sie lässt seine Tochter rufen.

Hätte sie ihn erkannt, dann hätte sie es nicht getan, sagt sie, nachdem er ihr vom aîné vorgestellt worden ist. Alle paar Jahre hat Chernor seinen Pflichtbesuch absolviert und um Verzeihung gebeten. Er hat eine Art von Teufelskreis zu seinen eigenen Gunsten installiert, der ihm bisher die Ehre zu retten erlaubte. Als Bedingung der Verzeihung hätten die Familien seiner Töchter von ihm den Anfang einer materiellen Wiedergutmachung erwartet, wogegen er die Verzeihung zur Bedingung einer solchen Beteiligung machte. Nach langen Jahren erlangt er diese Verzeihung heute zum erstenmal, zerknirscht und die Mütze in der Hand, die er erst abnahm, als er zu sprechen und sein Anliegen vorzutragen begann. Er bedankt sich nicht bei der Grossmutter, die in sich versunken sitzen bleibt. Seine Tochter ergreift lächelnd die Hand, die er ihr hinstreckt, und begleitet ihn hinaus. Die beiden sprechen nicht miteinander. Die Mütter der Töchter sind nicht in Erscheinung getreten.

Falls der Teufelskreis seiner Töchter zu Chernors Ungunsten gebrochen ist, so hat er heute keine Zeit mehr dafür. Obschon er seit einem Jahr auch in Freetown verheiratet ist, lässt er die hundert Dollar, mehrere Monatslöhne für ihn, bei der zweiten Familienversammlung doch in seinem Geburtshaus: bei seinem gelähmten Vater, dessen drei Frauen, von denen die dritte jünger ist als Chernor, und den siebzehn Söhnen und Töchtern zwischen gut über dreissig- und zweijährig. Keiner der zu Hause gebliebenen hat eine Arbeit; die Firma, bei welcher der aîné eine Zeitlang angestellt war, schloss vor einigen Monaten die Tore. Eine der drei Mütter hat einen festen Platz auf dem Markt, und in allen Haushalten des Quartiers weben die Frauen – Tuch gegen Garn und ein Almosen.

Nicht nur Chernor, insgesamt vier der Söhne haben das weite gesucht, alle nach Freetown, einer dem anderen hinterher. In den letzten Wochen traf die Freudenbotschaft ein, einer der vier sierraleonischen Staatsbürger der Familie, Chernors nächster Bruder, habe den Sprung nach Amsterdam geschafft – als Liberia-Flüchtling, entkommen dem Nachbarland, wo unzweifelhaft Krieg herrscht und dadurch den Asylsuchenden in Europa etwas mehr Ruhe verschafft. Die Lage Chernors, der bisher als einer von zweien hie und da Geld brachte, kann dieser Erfolg nur verbessern, und er wird zunächst wieder für ein Jahr wegbleiben. Wir brechen jetzt auf: «Conakry, et ça pour de bon? – für immer?» sagt lächelnd der Lehrer von gegenüber, der an der École secondaire von Pita Geschichte und Sprachen unterrichtet. «Nos félicitations! – Glückwunsch!» sagt er.

Pita, Dezember 1994

Eine Vergegenwärtigung

Guinea hat nur einmal in seiner Geschichte Einheit bewiesen. Die Rede ist vom historischen Referendum de Gaulles von 1958, als mit der Ausnahme Guineas alle französischen Besitzungen in Afrika für eine Zukunft in enger gemeinschaftlicher Anlehnung an das Mutterland optierten. Die Bevölkerung Guineas unter Führung Sékou Tourés, des revolutionären Gewerkschafters und Vorkämpfers der afrikanischen Unabhängigkeit, sprach sich mit grosser Mehrheit für den Alleingang aus. Vielleicht weniger daran, dass es ein Land gewagt hatte, als an dem Umstand, dass dieses Land es als das einzige gewagt hatte, nahm die Tiefe der Kränkung in der Grande nation ihr Mass. Beim scheidenden Personal der Grossmacht schlug die Indignation um in Brutalität. War es zu beschwerlich, Eisenbahnschienen und Telegraphenstangen mit nach Hause zu nehmen, so wurde wenigstens sichergestellt, dass möglichst wenig an Verwendbarem im Land zurückblieb.

Die Folgen der umfassenden Demontage prägen die Geschichte Guineas bis heute. Sie schuf die Bedingungen für eine revolutionäre Diktatur, die bald ins vollends Pathologische umschlagen sollte. Hinzu kam der natürliche Reichtum des Landes als Voraussetzung dafür, dass diese Tyrannei sich 26 Jahre lang zu behaupten vermochte. Diese Perversion eines Staates, wo fast jeder Anflug von Intelligenz lebensgefährlich war, konnte sich jeden Umgang mit der Wirtschaft erlauben. Die Bauxitvorkommen im Land werden auf ein Drittel der weltweit bekannten Reserven geschätzt. Namhafte Vorkommen an Eisen, Diamanten und Gold bilden nur den Anfang einer längeren Reihe weiterer Mineralien. Zu mehr als der Hälfte schöpfte das Regime seine Mittel aus der Quelle Bauxit, einen grossen Anteil davon aus einer einzigen Mine, die öfter in Publikationen als die weltgrösste bezeichnet wird – der Komplex von Boké-Sangarédi. Guinea trägt den Beinamen «das Land, wo die Flüsse entspringen»: nicht nur der Niger als Westafrikas Lebensader und etliche seiner Zuflüsse, sondern auch der Mano River, der im Unterlauf die Grenze zwischen Sierra Leone und Liberia bildet, und weitere Flüsse, die durch Liberia oder Côte d'Ivoire dem Atlantik zufliessen. Mit diesem Potential an Wasserkraft bestünde gleichzeitig Gewähr für eine blühenden Landwirtschaft, und auch tropischer Forst fehlt nicht.

Gemäss der vorherrschenden Einschätzung übertrifft der Bevölkerungsanteil der Malinké, des Sahelvolks der Haute Guinée im Nordosten, mit 25 bis 30 Prozent um eine Spur den Anteil der Peul mit ihrem Kernland der Moyenne Guinée im Nordwesten. Die dritte Kraft bilden mit einem Anteil von rund 20 Prozent die Soussou in der Guinée maritime; das übrige knappe Viertel stellen die kleinen Ethnien der Guinée forestière im Dreieck zwischen der liberianischen und der ivoirischen Grenze. Bei den Malinké, Peul und Soussou ist es wohl angemessener von Völkern als von Ethnien im Sinne von Volksgruppen zu sprechen.

Guinea ist in Westafrika das südlichste geschlossen islamische Land; neun Zehntel der Guineaner sind Muslime. Der Islam ist eine prägende Kraft. Wenn der Stalinist Sékou Touré die Moscheen für entbehrlich gehalten hätte, dann hätte er auf seine Anstrengungen zu ihrer politischen Aneignung verzichtet und sie unter die Opfermassen seines wissenschaftlichen Fortschrittes befördert. Doch in diesem Punkt erwies er sich als ein Verwandter Ghadhafis. Die Religion kann allerdings nur im Zusammenspiel mit weiteren Gegebenheiten zur Nationenbildung beitragen. Unter der eisernen Faust von Sékou Tourés Regime, dessen Hausmacht die Malinké bildeten, verfestigte sich der ethnische Konfliktstoff, und zehn Jahre der guineanischen Entstalinisierung seit Sékou Tourés Tod von 1984 änderten daran nichts, sondern brachten es nur zu Tage: «Die ethnischen Konstellationen sind die einzige politische Realität im Land», sagt Mamadou Bah, der Chef der Union pour la nouvelle démocratie, einer der zwei grossen Parteien der Peul.

Die Bewältigung der Hinterlassenschaft Sékou Tourés wurde von einer Militärdiktatur mit ideologisch schwachem Profil in Angriff genommen. Das Regime des Soussou Lansana Conté erhielt anfänglich den Kredit einer Popularität, der nach den vorausgegangenen 26 Jahren jeder neuen Herrschaft zugestanden worden wäre. In den späten achtziger Jahren verzeichnete auch die Wirtschaft des Landes einen Aufschwung, der dem Regime General Contés bei der westlichen Gebergemeinschaft passable Noten eintrug. Ein politisches Reformprogramm von 1989, das uspründlich ein Zweiparteiensystem vorgesehen hatte, wurde 1991 zugunsten eines uneingeschränkten Pluralismus von Parteien «nationalen Charakters» korrigiert.

Die Entwicklungen seither haben eine relativ rasche Klärung gebracht. Die Präsidentschaftswahl von Ende 1993 liess wenig Zweifel daran, wer über welche Stimmen verfügt: Sékou Tourés Malinké noch immer fast nur über die eigenen. Von der sierraleonischen Hauptstadt Freetown hinauf ins Fouta Djalon und wieder hinab nach Conakry: «dem Soussou», versichern sechs oder sieben politisch nicht sehr versierte Peul wie auf Kommando, wenn man sie fragt, wem ein Peul in der Wahl zwischen Malinké und Soussou den Vorzug gibt. An die Soussou als das kleinste der drei grossen Völker halten sich auch die kleinen

Ethnien der Guinée forestière. Anders sieht die Verhältnisse nur der zweitplacierte des ersten Durchgangs von letztem Jahr, Alpha Condé. Der Kandidat der Malinké und Chef des Rassemblement du peuple guinéen, der offziell 19,6 Prozent der Stimmen erhielt und bei ordentlichem Verlauf wohl Aussicht auf 25, maximal 30 Prozent der Stimmen gehabt hätte. Ob er im ersten Durchgang gewonnen hätte, dessen sei er sich nicht ganz sicher, korrigiert er einen seiner Sekretäre, «aber Conté hätte ich spielend geschlagen.» Dem Malinké-Gewerkschafter und einstigen Schüler Sékou Tourés werden nicht nur von regimenahen Politikern diktatoriale Züge nachgesagt, und die «Wahrheiten», die er verkündet, wecken im Ton ihrer unangreifbaren Wissenschaftlichkeit beängstigende Erinnerungen.

Das Regime bewies mit seinen durchsichtigen Manipulationen wenig demokratische Neigungen. Der Anteil Lansana Contés, der im ersten Durchgang mit 40 bis 45 Prozent zu rechnen hatte, wurde auf 51,7 Prozent erhöht. Es gibt abweichende Antworten auf die Frage, weshalb Conté sich die Meriten einer sauberen Wahl mit sicherem Sieg im Ausstich entgehen liess. Wie etwa sein Amtskollege Bernardo Vieira im benachbarten Guiné-Bissao stünde er mit ganz anderem Gesicht da. Für einen zweiten Durchgang fehlte das Geld, lautet die konziliante Variante; eine andere lautet, bei seiner Natur und seinen Gewohnheiten sei es diesem Regime nicht möglich, in der Nötigung zu einem fairen politischen Kräftemessen etwas anderes als eine uneingestehbare Schwäche zu sehen.

Mehr noch als Zweifel am guten Willen förderte die letztjährige Wahl die Zweifel an den Fähigkeiten des Regimes. Conté wird gemeinhin nicht in den aggressiv kriminellen Zügen eines Mobutu oder des togolesischen Staatschefs Eyadéma portraitiert, sondern als ein Taktierer, der sich ausschliesslich reaktiv zu verhalten versteht und den eigenen Apparat nur nach Massgaben der eigenen Erfordernisse und Nöte kontrolliert. Spekulationen um seine gefährdete Gesundheit, die in den Monaten zuvor durch das Ausbleiben einer überfälligen Regierungsumbildung Nahrung erhielten, sind seit dem frühen Herbst abgeebbt, da klar wurde, dass nicht Handlungsunfähigkeit, sondern politisches Kalkül hinter den Verzögerungen stand. Das Gespenst eines Machtvakuums schwört in dieser überhitzten politischen Arena düstere Bilder herauf, doch ein Diabetiker stehe auch trotz eines Raucherbeins noch nicht am Rande des Grabs, beschwichtigt ein Diplomat, der im Bild ist.

Noch wäre die Diagnose zu pessimistisch, dass Guinea vom Kurs seines demokratischen Reformprogramms ganz abgekommen wäre. Viel wird von den Parlamentswahlen abhängen – weniger von ihrem Ausgang als wiederum von ihrem Verlauf. Die Führung Contés hat dabei eine zweite Gelegenheit, mit einer ordentlichen organisatorischen Leistung den Willen und die Fähigkeit zu beweisen, die Staatsgeschäfte wieder in den Griff zu bekommen.

Guinea und insbesondere die Hauptstadt Conakry leiden ausser unter der eigenen Überhitzung unter den Hunderttausenden von liberianischen und sierraleonischen Flüchtlingen, die nicht alle in ihren Lagern in der Guinée Forestière ausharren, sondern landauf, landab die Sicherheitslage belasten. «Alles hier ist im Kontext dieser schweren subregionalen Krise zu sehen»; mindestens soweit erlaubt der Befund des zitierten Diplomaten keine Meinungsverschiedenheit. Dieser Kontext ist das, was übrig ist von der Mano River Union – dem Namen nach eine Staatengemeinschaft, doch derzeit nur die gemeinschaftliche Realität eines Gemenges von Krisen, die alle in mehr oder minderem Grad ineinanderstrahlen und sich meist wechselseitg verstärken. In Guinea besteht Hoffnung, dass das Exempel der Nachbarn sich auf die Gemüter ambitionierter Politiker eher kühlend auswirkt.

Conakry, Dezember 1994

Ein Sprichwort

«Cour sûprème? – connais pas», sagten die Polizisten und verprügelten den guineanischen Generalstaatsanwalt, als dieser sich an einer von Conakrys Strassensperren über das rüde Verhalten der Uniformierten beschwerte. Es soll eine Untersuchung gegeben haben, aber von Sanktionen wurde nichts bekannt. Für Leute geringeren Standes ist die guineanische Hauptstadt ein Ort unvorhersehbarer Schrecken, über den allabendlich um elf Uhr die Polizei mit wahllosen Razzias eine unerklärte Ausgangssperre verhängt, um sich das Feld mit den Kriminellen zu teilen. Auf Beutezug enterten acht «Banditen» kürzlich einen Kutter im Hafen, fanden sich dort von einer Crew sportlicher Koreaner empfangen und postwendend bei der Hafenbehörde abgeliefert. Drei der acht entpuppten sich als «reguläre Sicherheitskräfte». Unberechenbare Gefahren drohen nicht nur von diesem Gemenge aus Polizei, Armee und Banditen, sondern auch durch die unpräzise Gegenwehr der Opfer. «Dieb!» schreit jemand, vielleicht ein Kind, und ein entnervter Mob schreitet zur Lynchjustiz – mit einem Autoreifen, der über den Oberkörper gestreift und in Brand gesteckt wird. Es kam vor, dass Bestohlene eine Polizeiwache stürmten und dort Diebe aus einer Haft «befreiten», die ihnen für eine angemessene Bestrafung keine Gewähr zu bieten schien.

Bei der Schilderung einer Stadt wie Conakry wird oft übertrieben. Mit sieben von zwölf Monaten Regen liegt sie tatsächlich an einem der klimatisch strengsten Abschnitte der Guinea-Küste. Aber es trifft zum Beispiel nicht zu, dass auf den Bäumen der Corniche vor allem Plasticsäcke wachsen. Von einer verstopften Hauptverkehrsader zur Parallelstrasse bahnt sich der Verkehr seine Abkürzungen über eines der wenigen freien Grundstücke, um dessen Verwendung der Streit nicht endet. In den zehn Jahren, seit das Abruchunternehmen sein Werk vollendete, haben sich hohe stinkende Müllberge aufgehäuft. Strom und Wasser sind Gaben des Himmels, und in einigen Stadtteilen kehrt periodisch die Cholera wieder.

Solche Bedingungen erhöhen die Ansprüche an die Tugend. «Einen Mann kann man nicht essen, man kann ihn nicht trinken, seine Haut kann man nicht gerben, ein Mann ist nur wert, was er leistet.» Die guineanischen Peul, die ihren Wert an den Vorgaben eines solchen Sprichwortes messen, waren als Hirtenvolk ursprünglich im Fouta Djalon ansässig, im Bergland der nordwestlichen Moyenne Guinée. Als Verstärkung im Akkerbau hielten sie sich da und dort versklavte Pflanzergemeinschaften aus dem nordguineanischen Sahelvolk der Malinké. Das Vierteljahrhundert Steinzeitsozialismus unter Sékou Touré hat eine guineanische Diaspora hervorgebracht, für die gewöhnlich Zahlen von zwei bis drei Millionen genannt werden – bei einer Bevölkerung von kaum mehr als sieben Millionen im Land. Sehr wenige der «diaspos» kehrten in den zehn Jahren nach Sékou Touré zurück. Besonders stark unter ihnen vertreten sind die Peul, weshalb sie sich heute zu Hause den Malinké gegenüber wahrscheinlich knapp in der Minderzahl finden.

Aus Hirten wurden im afrikanischen Zeitwandel meistenteils Händler. «Wo wohnen Sie in Nairobi?» fragt die Angestellte eines Reisebüros in Conakry. «In der Nähe von Westlands?» Die Familie eines Onkels lebe dort. Es ist sehr unüblich, dass in Westafrika jemand den Namen eines Viertels der kenyanischen Hauptstadt kennt. Die Peul, schon früh in grossen Teilen Westafrikas anzutreffen, verstehen sich auf Mobilität. Zu Sékou Tourés Zeiten hat das manchem von ihnen das Leben gerettet und manchem schliesslich auch zu einem Lebensniveau verholfen, wie es zu Hause unerreichbar geblieben wäre. Fast jede Familie der Peul hat heute Angehörige im Ausland, nicht nur in Afrika, sondern oft auch in den nördlichen Industriestaaten.

Taxifahrer, zur Mehrheit Peul, stimmen alle dasselbe Klagelied an, was für eine Katastrophe dies sei, dass die Peul sich unmöglich zu einen verstünden und so auf alle Zeit von der Macht ausgeschlossen blieben. «Das ist wirklich merkwürdig, dass alle darin eine Katastrophe sehen», sagt Siradiou Diallo, lange Jahre Journalist beim französischen Magazin «Jeune Afrique» und heute Chef des Parti du renouveau et du progrès (PRP), einer der zwei grossen politischen Parteien der Peul. Gegen diese fixe Idee sei kein Kraut gewachsen. «Dabei liegt in dieser Uneinigkeit womöglich unsere Weisheit. Geeint wären wir vielleicht schlechter dran.» Geeint wären die Peul vielleicht zu stark und riskierten die Soussou den Malinké in die Arme zu treiben, so dass sie einer Koalition der anderen zwei grossen Völker gegenüber gar niemand mehr wären. Stattdessen dürften die anstehenden Wahlen im neuen Parlament zwei Blöcke einander gegenüberstellen: auf der einen Seite der Parti de l'unité et du progrès (PUP), die Kreation des Soussou-Regimes, in Allianz mit der Union pour la nouvelle république (UNR), der zweiten grossen Partei der Peul unter Mamadou Bah, einem früheren Mitarbeiter der Weltbank; auf der anderen Seite Siradious PRP im Bündnis mit dem Rassemblement du peuple guinéen, der Partei der Malinké unter Alpha Condé.

«Wir wollen den Frieden aushandeln», sagt ein Notabler und Aktivist der UNR im Fouta Djalon. Dazu müssen sich die Peul um beide Seiten kümmern, um die regierenden Soussou und um die Malinké. Die Allianz von PUP und UNR hat gute Aussichten auf eine absolute Mehrheit. «Verfehlen wir sie», dann haben wir das «beau cinéma», sagt Mamdou Bah, «dann wird Siradiou sehr hart verhandeln.» Dass er verhandeln wird, dass es ihm darum geht, ist offenbar klar, denn eine Allianz eines Peul-Führers mit den Malinké, so sagen die Taxifahrer alle, ist Hypokrisie – oder aber, so mag man denken, sie ist Politik. Siradiou lächelt über diese Verdächtigung. Vielleicht noch für lange Zeit nicht gut genug bekannt, aber bekannt ist es auch in Afrika, dass es in der Politik zwar um Macht geht, aber nicht immer darum, diese persönlich in Händen zu halten. Die Machtbefugnisse des neuen Parlaments werden auch in der reformierten Militärdiktatur Lansana Contés eng begrenzt bleiben; doch auf diesem Pfad der Uneinigkeit, vertreten im Regierungslager und gleichzeitig in einem Bündnis mit Alpha Condé, werden die Peul sich vielleicht das grösstmögliche Gewicht zu sichern verstehen.

Timbo im Osten, Timbi in der Mitte und Labé im Westen – die drei Peul-Fürstentümer im Fouta Djalon einigten sich nie. Vor gut hundert Jahren leistete Samory der Schreckliche in Labé den Franzosen erbitterten Widerstand. Timbo, heute die préfecture Mamou, und Timbi, heute die préfecture Pita, kollaborierten schon früh mit den Kolonisatoren. Labé liegt noch ganz im Inneren des südlichen Sahelstreifens, dessen westlicher Ausläufer in den verregneten Bergen des Fouta Djalon fruchtbar wird. Die Stadt – und nicht nur der Ruf des Muezzins – ist Casablanca viel näher als einer westafrikanischen Küstenstadt wie Lomé in Togo. In Labé, der ersten richtigen Stadt auf der Lastwagenroute von Senegal nach Guinea, findet sich auch der grösste Markt des Fouta Djalon. Nach dem Aufstieg nach Labé, vor Pita, überwindet der Verkehr aus dem Norden eine Art Passhöhe und beginnt meerwärts zu fliessen.

In Dalaba, 50 Kilometer weiter, lächelt die einheimische Ehefrau des Pariser Hoteliers und zwinkert komplizenhaft auf die Bemerkung, dies hier sei ja bereits Guinée maritime, die offiziell erst 200 Kilometer weiter unten beginnt. Entsprechend liegen die Bündnisse. Labé ist schwer zu versöhnen, wenn Südländer an der Macht sind. Pita und Dalaba dagegen neigen der Küste zu mit deren guineanischer Art von dolce vita – ein Leben, das alles in allem kaum weniger hart ist, aber doch etwas weniger ernste Mienen und etwas mehr Musik einschliesst.

Südlich der Sahara würden Guineas Peul zu den wenigen Ausnahmen zählen, wenn sie als Volk der Hirten und Händler an der Macht wären. Von der Zerknirschung anderer afrikanischer Völker, die davon ausgeschlossen sind, ist ihnen nicht viel anzumerken. Vielleicht finden sie leichter durchs Leben. Afrikaner wissen es aus ihrer eigenen Lage nur zu gut, und sie räumen es ein, dass man ihnen entgegengehen mag, soweit man will und kann: Es bleibt dennoch nur eine Frage der Zeit, bis sie ihr nächstes Anliegen vortragen. Daran vermöchte sich nichts zu ändern, selbst wenn jemand auf solchem Weg zu Millionen gekommen wäre. Das liegt daran, dass die Grossfamilie, das Dorf zu Hause, das auch dem Abgewanderten in der Stadt keinen Frieden gewährt, sich im Umfang des Personenkreises ohne Grenzen erweitert, solange dem wirtschaftlichen Zufluss keine Grenzen gesetzt sind.

Politische Macht erhöht das untragbare Mass an Verpflichtungen der Gemeinschaft gegenüber – je mehr Macht, um so weitergehend die Verpflichtungen, und der junge Offizier, der in Sierra Leone die Macht ergreift, findet einige Monate später zwei- oder dreihundert der Seinen im Garten der Residenz, aus der er einen libanesischen Diamantenhändler vertrieben hat. Hat er zudem eine politische Basis, dann kommen zu den Hunderten in seinem Garten die Zehntausende in seiner Herkunftsregion. In traditionellen Gemeinschaften bestimmt die Verpflichtung über die Ehre, und aus der ausweglosen Lage gibt es kein Entkommen ausser durch den triftigen Nachweis, dass jemand selber nichts hat, oder durch einen Aufenthalt ganz ausser Reichweite.

Conakry, Dezember 1994

Am Berg im Regen

Von den Zimmerwänden im alten Mountain Hotel blättert der Putz. Das frische Handtuch im Bad ist nass wie das Bettzeug. In Buea trocknen gewaschene Socken derzeit nie mehr. Die Streichhölzer wollen nicht brennen, und wie ein Versuch mit dem Feuerzeug ergibt, brennt nicht einmal der dunkelbraune, weiche Zahnstocher auf dem grossen weissen Teller, den der Kellner mit betrübten Gesicht aufträgt. «Excuse me, Sir, das ist der einzige, den wir haben.» Draussen giesst es in Strömen. Es regnet fast immerfort, nur drei Monate im Jahr regnet es etwas weniger. Auch unten in Kameruns Wirtschaftsmetropole Douala, etwa 50 Kilometer östlich von hier, wird man das halbe Jahr über unter einem triefenden Sonnenschirm vom Hotelausgang zum Taxi eskortiert. Der Golf von Guinea, wo sich der Mount Cameroon mit seinem aktiven Krater 4100 Meter hoch in diesen verhangenen Himmel erhebt, ist eine der verregnetsten Ecken des Planeten. Für das Kap Debundja am Südwestfuss des Bergs verzeichnet der Times Atlas während jährlich sieben Monaten eine Niederschlagsmenge von über einem Meter Wasser, im September von etwas über 1500 Millimetern; das Jahrestotal ist mit 9655 Millimeter beziffert. Für London wird ein Jahrestotal von 612 Millimetern angegeben.

In der opulenten Vegetation von Mischkulturen und hochtropischem Forst – auf dem Grund einer Art von Aquarium, glaubt man – steigt das Strässchen scheinbar fast ohne Kurven und überwindet nach der Abzweigung unweit der Küste fast die ganze Höhendifferenz auf weniger als zehn Kilometern. Tief unter hohen Baumkronen ducken sich Bueas erste Häuser zwischen hybriden Bananenstauden. Über eine weitläufige Staffelung von Terrassen zieht sich das Städtchen diskret in die Urwaldreste des Vulkans zurück. Ganz oben am Stadtrand, auf über 1000 Meter bereits, ragt über verwinkelten Giebeln ein kleiner Turm aus dem finsteren Grün. Einige Biegungen näher präsentiert sich sein rostrotes Dach als der triefende Kelch einer Glockenblume, etwas zu regelmässig geraten, aber ebenso wie der Jugendstilpalast darunter ganz den umliegenden Wundern der Schöpfung nachempfunden.

Bis sie 1916 von den Briten und Franzosen vertrieben wurden, wachten der Bauherr, Gouverneur Jesco von Puttkamer, und seine Nachfolger hinter den regenbeschlagenen Erkerfenstern über die Hauptstadt des deutschen Protektorats Kamerun. Eingeweihten Berliner Kreisen war eine gespenstische Frivolität von Puttkamers nicht ganz unbekannt, doch er war ein Neffe Bismarcks, und sein Vater war preussischer Innenministers. Mit seinem Personal namens Doktor Meyer, Rat von Brauchitsch und Leutnant Schenneman führte er eine Drakulaherrschaft, die nach einem guten Jahrzehnt doch im offenen Skandal endete.

Eingangs und ausgangs der neuen, plump überdachten Betonsäulenallee, welche die alte Umfriedung durchbricht, stehen die Tore weit offen. Keine Seele zeigt sich. Erst in dem kleinen verödeten Park grüsst, die Machete in der Hand, schüchtern ein Gärtner. Der Regen setzt wieder ein. Als sein Blick auf den Fotoapparat fällt, fängt der Gärtner zu schreien an, und wenige Sekunden verstreichen, ehe sich über dem Treppenaufgang, auf der Terrasse vor dem Hauptportal, ein halbes Dutzend Uniformierte und Zivile versammelt haben. «Wo ist Ihre Genehmigung?» – Ein nachsichtig verständnisloses «excuse me please», ein ruhiger Aufbruch zwischen den Balustraden und den zwei Uniformierten hindurch und um das Haus herum Richtung

Ausgang ... Das Tor zum Säulengang ist jetzt geschlossen, und die Gesellschaft, die nicht staunend stehengeblieben ist, zieht einen Kreis um den Eindringling. «Dies hier, Sir, ist eine bewachte Regierungsresidenz», macht sich einer der Zivilen zum Wortführer, «ich bin der Diensthabende der Sûreté territoriale.»

Nun geht es hinein in von Puttkamers Sitz und hinab ins Untergeschoss, wo auf einigen eisernen Bettgestellen die Überbleibsel von dünnen Matrazen schimmeln. Wäre der Aufenthalt hier einem zentralafrikanischen Spitalbett nach einem Autounfall nicht doch vorzuziehen? «Sein Visum ist in Ordnung», konstatiert der Zivile, «das ist ein Tourist», wie es in grossen Lettern auf Seite 23 im Pass zu lesen ist. Kamerunische Botschaften stellen Pressevertretern zwar Visa aus, aber keine speziell gekennzeichneten, und wer in Yaoundé auf eine Akkreditierung als besuchender Journalist warten wollte, nähme nie seine Tätigkeit auf.

Der Zeitpunkt ist unglücklich gewählt. Das Zimmer im Mountain Hotel ist bereits geräumt, das Gepäck befindet sich draussen im Taxi, darunter auch eine umfangreiche Sammlung von Zeitungsmeldungen und politischen Publikationen zu Kamerun, dazu ein Laptop Computer mit Berichten zur Präsidentschaftswahl vom letzten Herbst, deren Ergebnis ausser von Frankreich von niemand anerkannt wurde. Im Kittel findet sich nebst drei Presseausweisen ein Haufen Visitenkarten, nicht nur eigene und leider nicht die Sammlung von letztem Mal, die wenigstens auch zwei Botschafter einschlösse. Seit auch in Afrika Journalisten mit Laptop reisen, bleibt mehr Papier zu Hause. Dafür stecken noch in der Brusttasche die Karten des Oppositionsführers John Fru Ndi und anderer Funktionäre seiner Social Democratic Front, die erst am Vortag wieder von Verhaftungen heimgesucht worden ist. Aber wenigstens da hätte für ein glückliches Alibi Professor Fonlon gesorgt, denn das Festival zum Todestag des nationalen Philosophen – einst Berater des ersten Präsidenten Ahidjo – gilt bei allen Kamerunern als ein Grund, unbescholten die anglophone Hochburg der Opposition aufzusuchen und dort, in Bamenda, zufällig den verfemtesten Landsmännern in die Arme zu laufen.

«Los, da geht's hinunter, rühr dich! wird's bald?!» – das Gebelfer des uniformierten Gendarmen hat beim Delinquenten alle Französischkenntnisse ausser Kraft gesetzt. Die Polizei und die übrigen Zweige der Sûreté sind von auswärts, und bei der zweiten Protokollaufnahme in seinem eigenen Büro geht im anglophonen Buea auch der Zivile, der sich bisher mit seinen Englischbrocken behalf, zur Sprache der Diplomatie über. Zwei Dolmetscher bringen etwas Distanz zwischen die Parteien und etwas Zeit, die Worte zu wählen. «Was ist sein Beruf?» – «Er sagt, er ist Professor für Kulturgeschichte», sagt der eine der Dolmetscher, «und er sagt, er interessiert sich für deutsche Überbleibsel.» – «Und seine Reise hat nichts mit den Ereignissen zu tun, mit unserer Krise? Was weiss er vom Land? War er schon öfter hier?» – «Er sagt, er liest die Zeitung.» – «Für wen arbeitet er?» – «Er sagt, er arbeitet für sich selber.»

In Afrika ist in jedem Kreis ein Freund auszumachen. Weisse Berufskollegen, die als Spezialgäste afrikanische Gefängnisse von innen kennengelernt haben, erzählen weniger von Qualen als von schwungvollen Partys – wenn auch meist mit der Anmerkung, dass dabei die Sättigung über ihre Gelüste ging. Die Hackordnung der Runde liegt klar zutage, und der Zivile, der Englisch versteht, lässt sich weiter direkt ansprechen. Obschon auch Nichtrauchern ein entsprechender Notvorrat zu empfehlen ist, hilft im Augenblick doch nur etwas mehr Initiative, als Zigaretten herumzubieten. Und obschon grosse betroffene Augen und Schwälle zerknirschter Entschuldigungen weiter führen als Demonstrationen von Selbstsicherheit, ist dringend Ablenkung durch ein verbindliches Interesse vonnöten. Jetzt kann sie sich erproben, die angeblich so innige Deutschfreundlichkeit in Afrika, in ehemaligen Besitzungen des Reichs besonders stark ausgeprägt, wie es dies auch von Togo heisst. Alle hier, ganz unabhängig von ihrer politischen Couleur, schimpfen die Franzosen «Neokolonialisten». Welch ein glücklicher Mann, dessen Büro sich direkt neben diesem Gebäude befindet! Ob Besuchern nicht nur der Palast, sondern sogar der deutsche Friedhof verschlossen bleibe? Lebende Nachfahren von Herrn von Puttkamers Gemeinde sind hier keine mehr aufzuspüren. Vielleicht hilft auch dieser Umstand, dass sich das kulturhistorische Interesse für das deutsche Buea durchzusetzen vermag. Der Chef der Sûreté gebietet der Runde bereits «un peu de souplesse» dem Fremden gegenüber. Auch liege es nicht im Interesse des Landes, die Besucher zu verärgern. «Sonst gehen sie und erzählen hinterher weiss Gott was über uns. Sie können gehen, Sir», fügt er hinzu, «der Kollege von der Gendarmerie führt sie hinaus.»

Draussen, vor dem hässlichen Betonklotz, der etwas zurückversetzt neben dem Jugendstilpalais steht, regnet es. Den Gendarmen beeindruckt das wenig. Er hat noch immer den Pass und die Kamera, und er denkt nicht daran, vor dem strömenden Nass in von Puttkamers Keller Zuflucht zu suchen. Es geht unter freiem Himmel zwei Strassenkehren hinab, und wieder führen stockfinstere Treppen hinunter in die Eingeweide einer grossen Kaserne, in Korridore mit langen Reihen stahleingefasster Türen, wo ein Geruch von Leichenhaus west. Für Kundschaft gedachte Büros sind wohl immer zuunterst. Hier nun ist das Verfahren definitiv zum Stillstand gekommen. Der Gendarme fängt von vorne an mit seiner Geschichte vom Spion im Palais gouvernemental, und von vorne beginnen im neuen Kreis die Diskussionen, ob man den Eindringling nicht hier behalten muss. Die nächste Stunde wird länger als die letzte.

Da erscheint – breitschultrig, mächtig und gelind – der Schutzengel von der Sûreté territoriale. Er hält dem Gendarmen eine Standpauke. Doch jetzt ist es dessen Chef, der auch zum Zug kommen muss. Er darf vollstrecken, was schon der Retter die ganze Zeit vorhatte, aber immer wieder vergass: den Film endlich aus der Kamera zu entfernen. Es ist nicht die richtige Zeit, sich für den Schaden am Apparat zu interessieren, der Taximan steuert das Gefährt auf dem direktesten Weg durch Buea hinab. Er war es, der ein Ende dieser Geschichte erwirkte, indem er sich bei der Sûreté oben erkundigte, wie lange er noch auf seinen Fahrgast zu warten hätte.

Der Kilometerzähler zählt längst schon nichts mehr, und mit den übrigen Armaturen steht es nicht besser. Aber der Taximan weiss, wann und in welchem Hinterhof er «la fédérale», das geschmuggelte nigerianische Benzin, nachfüllt, bevor sein Gefährt auf der Küstenebene sicher dahinschaukelt. Victoria hiess die Perle der britischen Cameroons am Fuss des Bergs. Heute verirrt sich nur ganz vereinzelt ein Gast ins Atlantic Beach, ins Miramar Park oder in ein anderes unter den einst so schicken Badehotels. Nach der Ausfahrt aus Limbé, wie die Stadt heute heisst, ist von der Strasse zum Strand nicht mehr viel zu erkennen. Es regnet entsetzlich. Eine letzte Kuppe, und jenseits geben die tiefliegenden Schwaden den schmalen, geschwungenen Streifen einer bleigrauen Ebene frei. Der Taximan hebt die Hand vom Lenkrad und sagt: «Das hier, das ist das Meer.»

Buea, September 1993

Himmel und ältere Dinge
Bildungssache

Ein geschminktes Auge schaut durch die schmale Öffnung in dem hellblauem Bauplastik, der die kindsgrosse Gestalt von der Sohle bis über den Scheitel verpackt und schützt. In einem zweiten Umhang von gleichem, doch durchsichtigem Material, verknüpft unter dem Busen, steckt zwischen ein paar welkenden Blumen das hölzerne Ende eines schweren korbgeflochtenen Sonnenschirms. Sein Gewicht ruht auf ihrem Kopf. In dem Winkel am Hauptportal einer der Stadtkirchen, der Hauptstrasse von Bahir Dar zugewandt, sitzt sie dergestalt über einer kleinen Schar Betender, Maria, die Mutter Gottes. Aus einem Fresko der rückseitigen Fassade blickt ihr Sohn in die Weiten des Tana-Sees hinaus. «Dies ist Gott», sagt der halbwüchsige Begleiter, und er setzt, als einen Augenblick die Bestätigung ausbleibt, hastig hinzu: «Eins ist Eins, glaub es oder nicht!» – «Ab, Wold und Menfes Kedus», Vater, Sohn und heiliger Geist, hat in Gondar der Priester der Berhane Selassie Kirche die «drei Schöpfer» über dem Altar genannt und, dem monophysitischen Dogma folgend, erläutert, die christliche Religion kenne keine Dreifaltigkeit, «keine drei Charaktere», nur die einheitliche Natur Christi «in drei Körpern». Über dem Altar unterscheiden sie sich nur darin, das der «Körper» in der Mitte eine Spur grösser ist.

«In keinem Land der Welt gibt es so viele Kirchen wie in Abessinien», schrieb James Bruce, der sich von Ende 1769 bis Anfang 1772 im nördlichen Hochland Äthiopiens aufhielt – als einziger Europäer in einer Zeitspanne von fast hundert Jahren. «Obwohl das Land sehr bergig und das Gesichtsfeld eingeschränkt ist, sieht man doch selten weniger als fünf oder sechs Kirchen. Und wenn man auf einer ringsumher freien Anhöhe steht, wohl fünfmal soviel.» In der alten Königsstadt Gondar sind es gewiss so viele wie in der Valletta auf Malta, wo jeden Samstag wenigstens eine mit Feuerwerk ihren Heiligen feiert. Nur die konischen Strohdächer erneuert, da und dort durch Wellblech ersetzt, überlebten viele von ihnen das, was einige Sozialismustheoretiker die «radikalste Revolution Afrikas» geanannt haben. Sie stehen noch so, wie Bruce sie sah, am Tana-See die meisten davon seit dem 17., einige seit dem 14. Jahrhundert, die älteste der Felsenkirchen bei Lalibela im benachbarten Wollo seit dem 11. Jahrhundert. Im Norden, in Tigre, finden sich Kirchen aus dem 1. Jahrtausend.

Bis in die fünfziger Jahre unterstand die äthiopische Kirche einem ägyptischen Metropoliten. Die landesfremde Autorität damals verstand – gemäss einer weisen Regelung in diesem Reich des ewigen Krieges – kaum ein Wort der ungezählten äthiopischen Sprachen, auch nicht das Ge'ez, die abessinische Kirchensprache. In den Grenzen des gegenwärtigen Reiches liegt die Zahl der Sprachen bei siebzig. Im Sommer 1991 waren sie alle am gleichen Ort zu hören: in den Lagern, in die jene Viertelmillion von Mengistus Soldaten zusammengezogen wurde, die nicht zu Fuss den Weg nach Hause gefunden hatte.

Anders als die Revolutionsfeier suspendierten religiöse Feste oft noch in Mengistus kommunistischem Staat spontan die nächtliche Ausgangssperre, sogar in der Hauptstadt Addis Abeba. Mengistus Zwangsrekrutierung mag sich an einem Verfahren inspiriert haben, das Bruce schilderte – an der abessinisch-orthodoxen Ordination: «Vor dem Abuna» – dem Metropoliten – «versammelt sich in einer Entfernung von wohl fünfhundert Ellen ein Haufen Volk und hebt einen melancholischen Gesang an. Auf seine Frage, wer die bärtigen Männer seien, antworten sie, dass sie zu Mönchen ordiniert zu werden wünschten. Er macht dann einige Kreuzzeichen, haucht dreimal mit dem Mund und erklärt die Männer zu Mönchen. (...) Ich sah einmal, wie die ganze Armee von Begemder zu Diakonen gemacht wurde, nachdem sie eben von einem Blutvergiessen an zehntausend Mann zurückkam. (...) Es befanden sich auch etwa tausend Weiber darunter, die ebenfalls an dem Hauch und der Schwingung des Kreuzes teilnahmen und daher auch zu Diakonen wurden.»

In Babel, wo die Macht des Wortes, Einheit zu stiften, an Grenzen stösst, wäre Bilderstürmerei, wäre jeder Ikonoklasmus fatal. In der Debre Berhane Selassie und in der Klosterkirche auf Kebran Gabriel demonstrieren die Priester mit ihren Erläuterungen vor den Wandmalereien anschaulich die Abhängigkeit der Kirche und ihrer Verkündigung vom Bild: Die orale Überlieferung der Passionsgeschichte trotzt den Jahrhunderten auf der Baumwollgaze, die sie so farbenprächtig und wundervoll festhält – unter dem Schutz der Engel, deren Legion von Kindergesichtern in Reih und Glied von der Decke blickt. Oft ist der Sinn allegorischer Darstellungen der entlegenen Zeit kaum mehr abzuringen; so blieb Bruce die Miniatur auf der Mütze des Priesters, den er in Adua sah, dunkel: «Sie stellte den Pharao auf einem weissen Pferd dar, der vom Roten Meer verschlungen wird, und oben auf demselben schwammen überall Flinten und Pistolen herum.»

Das abessinische Christentum, das nach der Verkündigung – vermutlich im 4. Jahrhundert – in der Lehre über viele Jahrhunderte weitgehend autark blieb, folgt in manchem den mosaischen Leviten, darin vom vortalmudischen Mosaismus der Falaschen, der abessinischen Israeliten, nur unscharf zu trennen. Es wird geschächtet, beschnitten, ausser dem Sonntag auch der Sabbat geehrt, und Schuhe bleiben vor der Kirche – mit einem Diener, empfahl Bruce, «sonst wird das Schuhwerk, wenn es gut ist, von den Priestern und Mönchen gestohlen.» Die Geistlichen auf der heiligen Klosterinsel Kebran Gabriel im Tana-See, die nach mehr als zwei Jahren wieder einmal den ersten Ausländer zwischen ihren Haschischpflanzungen begrüssen, haben von der Aussenwelt kaum sehr viel klarere Vorstellungen als zu den Zeiten von Bruce. Aber die neue Welt hat sich auf einen Horizont ausgedehnt, der die Möglichkeit eines zweiten Besuches einschliesst, und so bitten sie darum, ihnen nächstes Mal Schuhe zu bringen.

Im Zentrum des liturgischen Lebens steht die Eucharistie, diese materielle Anwesenheit des ewigen Reichs in der Zeit. «Die Kommunikanten», so Bruce, «erhalten je nach ihrem Stand verschieden grosse Stücke Brot. Ich habe Männer von hohem Rang gesehen, welche den Mund so weit aufmachten, wie sie nur konnten, und denen Priester aus grossem Respekt vor ihnen ein so grosses Stück Brot hineinschoben, dass ihnen das Wasser aus den Augen lief, weil sie es nicht kauen konnten.» Die andere Gestalt verkörperten Weinbeeren, «die mit den Schalen gepresst werden, wie sie wachsen, so dass eine Art von Marmelade daraus entsteht, die mit einem flachen Löffel gereicht wird.» Oder es «wird ein grosser Krug gebracht, woraus der Kommunikant einen starken Trunk nimmt. Dies ist auch nötig, um die eben verschluckte grosse Menge Brot hinunterzuspülen.»

Schon Ras Michael Ul – als Stadthalter im angrenzenden Tigre zu Bruce' Zeiten de facto Herrscher über das Reich – glaubte nicht an die Transsubstantiation. Auf einen Zwischenfall hin, als auf Lachen vergossenen Abendmahlweins Stroh geschüttet und darauf mit Stiefeln herumgetreten wurde, erklärte er Bruce, Brot sei Brot und Wein Wein, Konsekration hin oder her. Das Schicksal der Hostie im Schweinemagen wurde auch im Abendland von Augustinus bis zu Becketts Watt nie zufriedenstellend geklärt. Am Priester, der das Brot des Herrn dem Schaf der Gemeinde in den Mund schiebt, liegt bei dieser Eröterung trotz der Unentbehrlichkeit seines Segens nicht viel.

Bliebe Macht Macht auch ohne sakrale Legitimation? Die Bemerkung Ras Michaels, der den heiligen Dingen ihre Ordnung liess, war nicht für die Gemeinde bestimmt. Gewiss genoss in Abessinien der Klerus seine weltliche Bedeutung. Meneliks Versuch gegen Ende des letzten Jahrhunderts, die weltliche Schulbildung für Mädchen zu öffnen, kam gegen den Widerstand der Kirche nicht an.

Ras Michaels Palast in der Amhara-Reichsstadt steht heute seit kurzem wieder unter einer Wache, die nur Tigrinia spricht. Der Weg in seine Gemächer führt zuerst ins Büro des regionalen Komitees der Ethiopian People's Revolutionary Democratic Front, die in Addis Abeba die Macht übernommen hat. Tadessa Bahita, der Chef des Komitees, versammelt den ganzen Stadtrat, um vom Besucher die Neuigkeiten aus Addis Abeba – der «Neuen Blume», wie es ihr Name will – zu vernehmen. Die Vergangenheit hat so lange zu warten, und Tadessa Bahita ist das Vorleben in Ras Michaels Palast nicht so fern. Die geschichtsträchtigen Mauern beherbergten unter Ras Michaels Erben Fremdlinge recht unterschiedlichen Zuschnitts: Im Parterre liegt das Inventar des regionalen Sicherheitsbüros von Mengistus Innenministerium in Trümmern. Ein Stockwerk höher finden sich in Schränken die Ölgemälde von Haile Selassie, der hier eine Ausflugsresidenz unterhielt.

In Fragen weltlichen Seins oder Nichtseins und in anderen zentralen Fragen des Reichs hatten die geweihten Väter an politischer Autorität bestenfalls nach weltlichen Vorgaben Teil, und noch in der kommunistischen Ära kompromittierten sie sich zutiefst. Doch in der Abgrenzung nach aussen stand ihnen Schutz zu. Bruce hielt es für gefährlich, in abessinischen Fragen des unsterblichen Leibes tiefer zu dringen. Das orthodoxe Kreuz hätte dem als Katholik beargwöhnten Briten gegenüber das weltliche Schwert wohl auf seiner Seite gewusst.

Wie noch bis zum Abgang Mengistus war das Schwert damals ausgiebig am Werk: «Die Menge dieser Menschenreste und der Gestank lockten die Hyänen scharenweise von den benachbarten Bergen herab. Und weil wenige Einwohner in Gondar, sobald es dunkel ist, ausgehen, hatten die Tiere den ungestörten Gebrauch der Gassen und schienen den Bewohnern bereits den Besitz der Stadt streitig zu machen.» Nachdem Bruce seine Jagdhunde, die ihm Köpfe in den Hof schleppten, hatte erschlagen lassen, erläuterte ihm im Palast der König: «Die Leute sagen, dass es die Falascha von den Bergen sind, welche die Gestalt der Hyänen annehmen und in die Stadt herabkommen, um des Nachts Christenfleisch zu fressen. (...) Das ist wahrhaft richtig», versetzte der König mit lautem Gelächter auf Bruce' Einwand, jene Hyänen fänden, trachteten sie nur nach Christenfleisch, nirgendwo schlechtere Nahrung als in Gondar. Einer der vornehmsten Priester der Reichshauptstadt konnte sich vor Staunen nicht fassen, als der Brite Glauben an die Wirksamkeit seines Gebets vorspiegelte.

Aussichten auf weltliche Meriten nimmt das Kreuz in seiner unfreien Geduld noch heute eifrig wahr: Der Schrei der Empörung, als Meles Zenawi aus Tigre, der neue starke Mann im Reich, die äthiopische Fahne ein Stück Tuch hiess, fand unter Addis Abebas grossnationalen Amharen sofort die Formel, ein Kreuz sei schliesslich auch nicht ein Stück Metall!!! Zumindest die Umkehrung des Satzes ist wahr, Metall als solches trägt nur den Stoff, den «Körper», nicht aber die Gestalt, den «Charakter», des Kreuzes in sich. Kaiser Tewodros – eine etwas ambivalent innovatorische Gestalt, mit der sich Mengistu zuletzt gerne verglich – zwang Mitte letztes Jahrhundert die versammelten Missionare, darunter auch der Schweizer Theophilus Waldmeier, eine Kanone zu giessen. Die «Bomba», die einem Mann Einlass ins Rohr gewährte und Tausendpfundkugeln verschoss, musste mit ihren sieben Tonnen Gewicht von 500 Mann in Stellung gebracht werden. Ihre Widerspenstigkeit in der Bedienung nicht weniger als die Ballistik und der eherne Charakter ihrer Gesetze mussten eine überlegene Macht Gottes gegenwärtig gehalten haben.

Gewiss grenzt auch Äthiopien an eine Aussenwelt, und in fataler Weise hat der grosse Menelik Sprengsel davon dem Reich einverleibt, so dass sie bis heute als offene Wunden darin fortschwären. In mancherlei Hinsichten ist Äthiopien Teil des Vorderen und Mittleren Orients, nicht nur wegen der Falascha, von denen fast alle nach Israel «heimgeführt» wurden. «Who likes the Arabs?» ist auf dem Dach oder, wie man auch sagt, im Himmel Afrikas eine geschliffene Wendung. Aber nebst diesen, die als Erbfeinde eine gewisse Achtung finden, haben Äthiopier andere Mitmenschen, von denen einige in der grauen Theorie sogar Äthiopier sind. «Zuerst hat Gott die Araber geschöpft», sagt es ein arabisches Sprichwort, das nicht nur Araber kolportieren. Es fährt, wie es muss, fort: «Dann schöpfte er alle anderen Rassen. Zuletzt schöpfte er die Somali. Und Gott lachte.» Es scheint, obschon Gott in den Büchern Moses' wenig zum Lachen kommt, von einem alttestamentarischen Ereignis die Rede zu sein.

Der Qamus, die klassische arabische Lexikographie, erwägt, der Vater eines ostafrikanischen Stammes habe den Namen Samal erhalten, weil er, einem gleichlautenden Verb gemäss, seinem Bruder die Augen ausgerissen habe. Der Sammelbegriff für eine der heute bedrängten somalischen Clanfamilien – Ogadeni, Marehan, Dolbahante und weitere – ist Darod. Arabische Etymologien führen den Namen zurück auf das Verb, mit dem der Prophet Mohamed einen Galla-Sklaven und Dieb seiner Sandalen sanktionierte: «Inna taradnahu!» – «Wahrlich, wir haben ihn verstossen.» «Galla» war die pejorative Bezeichnung, die im engeren Sinne die Oromo Äthiopiens traf, in einem weitern Sinne jedoch alle negroiden hamito-semitischen Völker im Horn von Afrika. Unter ihnen wäre Tarud demnach der Geächtete, Vogelfreie, Gesetzlose.

Es war Captain Richard Francis Burton, ein Schüler von

Bruce, der 1854 in Zaylah, südlich der Grenze zum heutigen Djibouti, als erster Europäer somalisches Territorium betrat. In zwei wundervollen Bänden «First Footsteps in East Africa» hielt er Beobachtungen auf dem Weg ins verbotene Harar fest und erörterte die angeführten arabischen Mutmassungen. Auch weiter südlich an der ostafrikanischen Küste sollte er sich vom Ruf der «Somal» eingeholt finden. Als einer der frühen autoritativen Übersetzer der Tausendundein Nächte, dessen ethnographische Werke über Ostafrika noch heute die Autorität wissenschaftlicher Quellen geniessen, notierte er 1857 in Sansibar: «Wie die Buschneger von Surinam, die den Holländern einst so gefährlich waren, haben die entlaufenen Sklaven von Sansibar in den Küstenbergen des Festlandes, zwischen Mount Yombo und den Shimba Hills, eine Art ostafrikanisches Liberia gebildet. Sie erwiesen sich als Bedrohung für die direkte Karavanenroute von Mombasa nach Usumbara; ... Reisende berichten mit Grauen von der Roheit, Gewalttätigkeit und Grausamkeit dieser selbstemanzipierten Sklaven. Sie gelten für noch gefährlicher als die Somal, welche sich bei ihrer Arglist und ihren böswilligen Schurkereien nur mit den ungezogensten englischen Schuljungen vergleichen lassen.»

Am Weltende, an Äthiopiens Westrändern, leben ferner Niloten, die selbst von den sudanesischen Arabern, falls man die Nubier so nennen kann, als Tiere nicht nur betrachtet, sondern mehr noch behandelt werden. Unter Äthiopiern dagegen finden sich wahrhaftige Rassisten, die sich niemals auf Tiere einliessen – Rassisten eines Schlages, wie man davon in den finstersten Winkeln Osteuropas nichts weiss.

Abessinien, das christliche Hochland Äthiopiens, das bis vor kurzem wieder einmal für ein Jahrzehnt nur in der inquisitorischen Begleitung von Staatssicherheitsleuten zugänglich war, sucht weiter – wie während der letzten 1500 Jahre – Kontakt zur Aussenwelt. Bei der äthiopischen Elite ist ein gewisses Manko in dieser Hinsicht zur fixen Idee geworden, zu einer

Obsession derart, dass dieses Manko weitherum nicht nur zur Verleugnung, sondern zu einem effektiven Verlust des Interesses an der eigenen Kultur geführt hat. Auch der kleine Mann misst mit zwei Massstäben, und wer in dem Land der schönsten Stempel, das Ende des 20. Jahrhunderts noch Leprastationen unterhält, möchte nicht wenigstens einmal eine ausländische Briefmarke sehen.

Der Rückkehrer hat sämtliche Taschen voller Adressen und etwas später den Briefkasten voller Post, die vom Tana-See binnen zwei Wochen nach dem Fluhafen von Addis Abeba und von da über die Grenze gefunden hat. Ein Verfasser bittet um Nachsicht, da er der englischen Consecutio temporum nicht ganz gewachsen sei. Briefe vom 8.9.1991 tragen das Datum 2.13.1983, und mit dem Motto «13 Monate Sonnenschein» hat sich auch die Werbung der staatlichen «Tourist Commission» die abessinische Zeitrechnung zu eigen gemacht. Die Zählung begann im Jahr 7, und die zwölf 30tägigen Monate ergänzt ein dreizehnter, der fünftägige Pagumen, zu einem gregorianischen Jahr. Für den Pagumen werden weder Löhne noch Mieten bezahlt, es handelt sich um einen Monat ausserhalb der Ökonomie, und es handelt sich um ein weiteres äthiopisches Rätsel, was Männer vom Schlag eines George Soros oder eines Marc Rich im Pagumen täten, ausser das Land zu verlassen. Morgens von zwei bis fünf Uhr stehen über den grandiosen Tississat-Fällen, über dem «Rauchenden Wasser» des Blauen Nils, drei konzentrische Regenbogen. In Abessinien schlägt es bei Sonnenaufgang und bei Sonnenuntergang zwölf.

Die Reinheit geheiligter Lehren legt nahe, das Erdendasein in sich beschlossen zu halten, seine Organisation vor evolutiven Erosionsprozessen zu schützen. Dennoch verbot Haile Selassie den Sklavenhandel mit Wirkung auf 1950. Wenig zuvor hatte er per Dekret die «Liebascha» abgeschafft. Im Ruhestand schilderte einer der Höflinge die «Liebascha» dem polnischen Schriftsteller und Journalisten Ryszard Kapuscinski: «Die Zauberer gaben jungen Knaben geheimnissvolle Kräuter zu essen, und diese traten dann, berauscht, halb von Sinnen und gelenkt von einer übernatürlichen Kraft, in irgendein Haus, um auf den Dieb zu weisen. Demjenigen, auf den sie gezeigt hatten, wurden nach unserer Sitte Hände und Füsse abgeschnitten. Stell dir das Leben in einem Land vor, mein Freund, wo du jeden Augenblick unschuldig Hände und Füsse verlieren kannst. Du gehst auf der Strasse und plötzlich packt dich ein benebeltes Kind am Hosenbein, und gleich macht sich die Menge über deine Hände und Füsse her; oder du sitzt zu Hause beim Essen, plötzlich stürzt ein betrunkener Knabe herein, sie schleppen dich in den Hof und schneiden dir etwas ab; erst wenn du dir so ein Leben vergegenwärtigst, verstehst du die Tiefe der Veränderungen, die unser Herr herbeigeführt hat.»

Das weltliche Problem auf Äthiopiens christlichem Weg an die Aussenwelt ist nach wie vor die Macht des Staates. Dass er davon nie genug zu etablieren vermochte in seinem Reich, welches ihm durch Meneliks Eroberungen um mehrere Nummern zu gross geworden war, ist einer der Gründe, weshalb er Macht stets so brachial, mit glühenden Zangen und Napalm ausübte. Ein Drittel des Landes gehörte der Krone, ein Drittel war Feudalbesitz von wechselnden Gnaden des Tyrannen alias Imperators, ein Drittel war Eigentum der Kirche. So bis 1974. Mengistu überschrieb alles dem Staat, was sich in radikalem Sinn als Säkularisierung bezeichnen lässt. Die monophysitisch intepretierte Trinität blieb die des Priesters in der Berhan Selassie: «Ab», der Vater, der Kaiser, der Präsident des volksdemokratischen Staates; «Wold», der Sohn, der Feudaladel, die Armee des revolutionären Komitees; «Menfes Kedus», der heilige Geist, die Kirche, die Partei. Das Ganze blieb seiner Geschichte treu: eine «identische Natur in drei Körpern».

Es ist öfters gesagt worden, kein revolutionäres Regime habe dem totalitären Vorbild der überkommenen, sakral legitimierten Ordnung in vergleichbarer Strenge nachgelebt, habe dieses

Modell und nur es rationalisiert, es dabei in erster Linie militärisch auf die Höhe unserer Zeit und des ihr eigenen Schrottes gebracht. Haile Selassies Thron und sein «sakraler» Charakter in dieser Welt, deren Elend er «überstrahlte», war durch Jahrhunderte erprobt. «Ergo et *nunc* ecclesia regnum Christi est regnumque caelorum.» Der unitaristische «Gottesstaat» des Augustinus war durchaus gedacht als das Himmelreich auf Erden, und dieses war die materielle Kirche hienieden. Mit den abessinischen Imperatoren war es gekommen, das Reich Christi – gekommen, um zu bestehen, und vielleicht tritt das Christentum nirgendwo deutlicher als eine mosaische Religion ins Licht. Konnte Mengistu sich dieses Erbes entschlagen? Der Gehalt einer Ideologie, betonte er immer wieder, sei ihm nicht wichtig, solange sie Einheit verbürge.

Tausend Jahre vor den physikalischen Einblicken in die Natur der Gravitation konnte *Hierarchie*, die Ordnung sakraler Mächte, noch als das perfekte Gegenteil eines Unterdrückungsapparates gedacht werden. Die autoritativen Texte «Über die himmlische Hierarchie» und «Über die kirchliche Hierarchie» aus dem 5. oder 6. Jahrhundert, der Pseudo-Dionysius Areopagita, der den Begriff der Hierarchie geprägt hat, erläutern diese «wohlgegliederte und für die Aufnahme göttlicher Gaben geeignete Ordnung». Es handelt sich um die «Vollmacht eines Denkens, das seine bevollmächtigten Kräfte nicht nach Tyrannenart gegen das Unterlegene missbraucht, sondern unbezwinglich zum göttlichen Wesen emporstrebt und gleichzeitig das ihm Folgende nach Art des Guten mit sich hinaufzieht.» Abgeschnitten aber vom Göttlichen, im profanen Bereich von Entstehen und Vergehen, ist dieselbe Ordnung die niedrige Ordnung des Affektiven, die Ordnung des Teufels. Der Dionysius Areopagita ist eine Fälschung, und die Tyrannis ist – wie der Übersetzer anmerkt – das Symbol der Verdammnis, der auch Gott nicht weiter Rechenschaft abfordert.

In Äthiopien sind es nicht alte Bücher, was Reminiszenzen

an weltgeschichtliche Bezüge wachruft. Sie mag beirren, die Beobachtung, dass Äthiopier anscheinend jederzeit imstande sind, zehntausend Menschen zu töten, es aber kaum über sich bringen, eine Brücke oder nur ein Fahrzeug zu zerstören – diese Meister der improvisierten Reparatur fast ohne Mittel. Ein nigerianischer Geschäftsmann denkt keine Sekunde nach, ehe er bemerkt: «Das ist ihre Kultur, die zweitausend Jahre zurückreicht, das liegt daran, dass sie im Respekt gegenüber alten Gegenständen erzogen wurden.»

«Neue Blume» heisst wie gesagt Addis Abeba; und die noch von Haile Selassie eingeweihten Hotels sind – bei allem archaisierenden Dekor – keine Museen. Vielleicht war der Methusalem, der im «Ras» das Zimmer macht, bis 1974 ein Diener im Palast des «Löwen von Juda». Auf dem endlosen Korridor schreitet er, in wallendem Gewand und mit einer Körperlänge von zwei Metern, dem Gast entgegen. Sowie er sich ihn zu passieren anschickt, fährt – in einer Zickzackbewegung von ausserirdischer Eleganz – seine ganze Grösse auf einen Meter sechzig zusammen. Er darf den Fremden keinesfalls überragen. Im Rücken des Gastes springt das greise Haupt wieder in die ihm eigene Höhe zurück.

Gondar/Addis Abeba, Oktober 1991

Hilfe – eine Litanei

«Es ist möglich, eine gute Sache schlecht zu verteidigen. Ich schreibe diese Binsenwahrheit oder dieses Axiom, weil ich bemerkt habe, dass die meisten Männer (und alle Frauen und alle Journalisten) glauben, wenn eine Sache gut sei, seien dies auch alle für sie angeführten Argumente.» Jorge L. Borges

Die Debatten um Afrika beherrscht seit den frühen achtziger Jahren ein Wort: das Schlagwort «Hilfe». Vieles von dem, was unter den verwirrenden Sammelbegriff fällt, ist zunehmend unter Beschuss geraten. Ob Verhungernden etwas vom überschüssigen Brot aus reichen Weltgegenden gebracht werden soll, ist bisher kein grosser Streitpunkt - oder jedenfalls nur für Stimmen, die der moralischen Provokation um ihrer Frivolität willen frönen. Die besten Aussichten auf unvermischte Anteilnahme haben die Leidtragenden von Desastern, die nicht durch Menschen verschuldet sind. Im anderen Fall fordert der der humanitäre Beistand meist den Preis einer schrecklichen Erniedrigung, der die Opfer mit den Tätern wenn auch nicht umstandslos gleichsetzt, so doch demselben Zivilisationsniveau zuweist. Ein Beispiel dafür sind die Somalier. Die Opfer dieser Kategorie schulden den Helfern den grösseren Dank, denn geholfen wird ihnen trotzdem: trotz der – mehr oder minder ausgesprochenen – Zweifel daran, ob eine Gesellschaft wie ihre es wirklich verdient habe. Ungeachtet solcher Nuancen ist die Katastrophenhilfe selbst in den Debatten um Afrika kaum kontrovers. Kontrovers dagegen ist der Löwenanteil sogenannter «Wirtschaftshilfe»: budgetäre Hilfe zum einen und zum anderen das, was von den zuständigen Stellen mit dem Begriff «Entwicklungszusammenarbeit» bezeichnet wird.

Bekanntlich findet sich diese «Zusammenarbeit» im Falle

Afrikas schweren und schwersten Beanstandungen ausgesetzt. Wiederum geht es nicht um die Kleinarbeit der Brunnenbohrung, obschon in Kenya besser weniger als 18 unterschiedliche Modelle von Pumpen zum Einsatz kämen. Niemand stellt sich gegen die Unterstützung eines Gesundheitswesens, das nicht nur im grossen Rahmen Kleinkinder gegen Masern impft, sondern auch elementare chirurgische Eingriffe erlaubt und schwerarbeitende Mütter und Väter mit geringsten Mitteln von einfachen Leiden befreien kann. Worum es geht, sind die jährlich fliessenden Milliarden der Zahlungsbilanzhilfe und die staatlich finanzierte Projekthilfe. In manchen Ländern hinterlassen die Finanzspritzen in erster Linien wachsende Schulden und nebenbei vielleicht etwas Lärm um Korruptionsskandale; und die grösseren Projekte, über die eine Buchführung vorliegt, erweisen sich zu oft als Schläge ins Wasser.

Seit Jahren greift diese Botschaft Raum, vor allem in Afrika selber, aber nicht nur. Nirgendwo ist ganz Afrika so krank wie in den Medien, und da es fast nur Katastrophen sein können, was Afrika Publizität verschafft, muss wohl auch die Hilfe insgesamt ein Desaster sein. Wer sich an diesem Malaise am wenigsten stosse, so doppelt diese Enthüllung nach, das seien die in dieser «Hilfe» Engagierten, die Expatriierten im Feld wie zu Hause die Bürokraten ihrer Verwaltungsapparate. Das lukrative Geschäft der Hilfsorganisationen sei es, in reichen Ländern den weniger reichen Leuten das Geld aus der Tasche zu ziehen, um es Afrikas schwerreichen Despoten in den Rachen zu schieben. Die Ankläger folgern aus dieser handlichen Formel nicht, dass nebst dem notleidenden Kontinent auch der inkriminierten Hilfe zu helfen sei. Ihr Schluss lautet kurz, dass die Hilfe nicht nur nichts nütze, sondern vielleicht mehr schade.

Die Verteidigung der Hilfe tut sich schwer. Eine Erfolgskontrolle kann nur am einzelnen Projekt schlüssige Resultate ergeben. Gesamtbilanzen erlauben keinen Beweis, dass es die Hilfe war, was im Falle von Verbesserungen den Ausschlag gegeben hat. Die Ankläger – mit dem Verweis, sie seien es, die bezahlten – schieben der Verteidigung die Beweislast zu, und dies ohne sich bei der Frage nach Alternativen aufzuhalten. Die britische Zeitschrift «Economist» zitiert einen führenden Londoner Experten mit dem Facit: «Verfügbare Bestandesaufnahmen belegen in der Regel nicht überzeugend, dass alternative Strategien, welche Hilfe ausschliessen, zu rascheren Verbesserungen in der Lebensqualität der Armen geführt haben, als sie mittels Hilfe erreicht wurden.» Gemeint ist das zugunsten der Hilfe. Doch auch die Beobachtung, wonach in Theorie und Praxis der Hilfe endgültige Beweise einer kontraproduktiven Gesamtbilanz ausstehen, stimuliert nicht zu brausenden Hochrufen. Wenn vor diesem Hintergrund von engagierter Seite weiter versichert wird, die Hilfe kranke nur an einer entschieden zu knappen Dosierung, so ist mit dieser Diagnose schwerlich geholfen. Grosse Organisationen wie die britische Oxfam, die nach wie vor einen Marshall-Plan für Afrika fordern, sind Rufer in der Wüste, und vor manchen Hindernissen und Missbräuchen, welche der Hilfe ihre unbestreitbaren Misserfolge bescheren, schliessen sie zu rasch die Augen.

Moralisierende Plädoyers halten der Hilfe mildernde Umstände zugute. Noch vor hundert Jahren war von grossen Teilen des Kontinents nichts bekannt, und die einzige Frage, die nicht ganz akademisch war, war die Frage ihrer Zugänglichkeit. Was Hilfe getauft wurde, fiel in eine späte Phase des bisherigen wirtschaftlichen Austausches, worin der Schaden nicht in erster Linie durch sie angerichtet wurde und wird. Heute kommt auch das tüchtigste zivile Vehikel nicht voran auf Strassen, die unter zu vielen Panzerketten zerborsten sind. Macht jemand dafür Konstruktionsfehler des Vehikels verantwortlich? Weshalb überhaupt wären ausgerechnet an die Hilfe, vielleicht das Schwierigste auf der Welt, derart unverhältnismässige Ansprüche zu stellen? «Man muss zwischen Kunst und guter Kunst unterscheiden», sagte ein amerikanischer Philosoph, «denn die meiste Kunst ist schlecht.» Ein zwingendes Argument zur Abschaffung aller Kunst ist das nicht. Wer die Hilfe verdammt, weil sie in ihren Ergebnissen nicht immer dem guten Willen gehorcht, der verficht eine Moral, welche von einem Problem nur Kenntnis nimmt, wenn dafür eine makellose Lösung vorgelegt wird.

Demgegenüber scheint zum Beispiel die Uno mit Geduld imprägniert. Sie selber, mehr noch als die Heerscharen ihrer Kritiker, ist vertraut mit dem Umstand, dass es sich bei ihr um eine mangelhafte Institution handelt – eines wenig offensiven Charakters auch, der noch auf Selbstverteidigung lieber verzichtet. Anders etwa die nigerianische Polizei, von der für niemand in Frage steht, dass sie eine abscheuliche und furchterregende Einrichtung ist. Gäbe es an ihrer Stelle in Lagos aber gar keine Polizei, ginge es der überhitzten Metropole nicht besser, sondern nur schlechter. Das geringere Übel der nigerianischen Polizei ist deshalb nicht automatisch ein kleines, es kann noch immer ein sehr grosses Übel sein.

Einst hiess es, in der Wahl zwischen zwei Übeln entscheide die Vernunft für das kleinere. In der Schweiz zeigt der Volkswille hie und da dennoch unverkenntliche Neigungen für das Argument, wonach in der Wahl zwischen etwas Unbefriedigendem oder gar nichts nur gar nichts den Vorzug verdienen kann. Beim Kauf eines Autos und halbvollem Geldbeutel gilt das nicht, aber es gilt beim Abstimmungsentscheid, wonach einer Welt mit einer Uno, wie wir sie kennen, eine Welt ganz ohne eine solche Organisation vorzuziehen wäre. Für den Fall, dass Bemühungen um friedenssichernde internationale Institutionen dennoch micht jeder Sinn abzusprechen ist, liefert die völkerrechtliche Souveränität den Zahlungsunwilligen die Freikarte zum Schwarzfahren. Angesichts solcher Befunde ist für ein Argument wenig gefährlicher als ein Rückgriff auf Moral; denn ein Griff ins Leere lässt von dem Argument nichts übrig.

Das Wort «Hilfe» trägt viel dazu bei, dass das damit bezeichnete verkannt, oft elementar missverstanden wird. Das Wort trägt Klänge wenn nicht gar von tätiger Selbstlosigkeit auf der Seite des Gebers, so doch von Uneigennützigkeit seiner Motive. Mit Blick auf den Empfänger suggeriert das Wort, es bekäme jemand etwas geschenkt. Dass die Hilfe nicht seit geraumer Zeit abgeschafft ist, weckt demgegenüber die starke Vermutung, dass sie ganz andere Motive hat. Angesichts der Gegebenheiten erweist die moralische Verteidigung, die auf schöne Motive setzt, der Hilfe vielleicht einen Bärendienst. Sie nagelt sie fest auf das Fundament einer Philanthropie von weithin imaginärer Natur. Dass in dieser schlechten Verteidigung die eigenen guten Absichten nicht in Frage gestellt werden dürfen, gebietet womöglich die Pflege des eigenen Gewissens, was allerdings alles nicht besser, sondern schlimmer macht. Im Dauerappell an karitative Emotionen setzt das Gewissen des wohlgenährten Nächsten seinerseits Hornhaut an, und sein Glaube schwindet, je öfter er die Botschaft vernimmt.

Die Hilfe ist Teil eines wirtschaftlichen Austauschs, spielt eine Rolle zunächst für den Geber, und dies als ein eher marginales Rädchen im Getriebe hochentwickelter Volkswirtschaften. Deren gemeinhin als überlebensnotwendig erachtetes Wachstum wird dadurch in bescheidenem Umfang gefördert. Bestritten wird die Hilfe aus Steuergeldern, gemäss demokratisch artikuliertem Volkswillen, oder aus privaten Spenden. In einem Kreislauf, der im Geberland die Beschäftigung erhöht, fliesst ein grosser Teil der Mittel am Empfänger vorbei direkt zur Quelle zurück. Beispiele geben zahllose, oft sehr fragwürdige Grossaufträge im Bausektor. Was in diesem Kreislauf für den Empfänger abfällt - der kleinere Teil –, sind Überschüsse an Kapazitäten und Produktivität, die andernfalls der Wirtschaft des Gebers Probleme bereiten müssten. Die öffentliche Entwicklungshilfe der Industrienationen sollte gemäss ihrem Einverständnis nicht weniger als 0,7 Prozent des Sozialproduktes betragen, was nur in wenigen Staaten – etwa in einigen der nordischen - erreicht wird. Auf Geberseite scheint die Hilfe demnach nicht stark ins Gewicht zu fallen. Eine grössere Rolle spielt sie unter Empfängern, wo sie in einem Land wie Moçambique den gesamten bezifferten Ausstoss der eigenen Wirtschaft übertrifft und bis zu neunzig Prozent der Staatseinnahmen beisteuert.

Es wird oft und mit gutem Grund festgestellt, dass bestimmte Geschäftspraktiken den schwächeren von zwei Partnern in den Ruin treiben können. Im Interessen des stärkeren hält ihn die Hilfe – auf niedrigem Niveau wenigstens – bei der Stange. Mittels der Zahlungsbilanzhilfe erhält die internationale Finanzwelt sich weiterhin kreditwürdige Schuldner und damit dem Weltmarkt Kundschaft. Projekthilfe gibt Unternehmen in den Geberländern Gelegenheit gibt, sich über Aufträge im den Empfängerländern aufzuhelfen. Dies ist es, was gegenwärtig Hilfe heisst. Für Rechnungen und Beweise ist hier kein Raum, doch es ist wenig Gewagtes an der Vermutung, dass dieser grösstenteils stark regulierte Kreislauf nur so lange in Gang bleibt, als er zum Gesamtnutzen der Volkswirtschaft des Gebers beiträgt. Tut er es aber, so bietet er ein tragfähiges Argument, welches den Sinn und die Moral der Hilfe nicht an die Überwindung der ewiglich egoistischen Natur des Menschen zu binden hätte.

Falls jemand glauben sollte, dass Zaires Mobutu, Kenyas Moi und anderen Despoten in Afrika ihre Riesenvermögen geschenkt worden seien, sitzt er einem Ammenmärchen auf. Ihr ungeheurer Reichtum beweist, dass zwischen den Kontinenten einträglichere Geschäfte im Gang sind als jenes der Hilfe. Ruinieren solche Geschäfte afrikanische Länder tatsächlich, wonach im Extremfall ausser Hilfe kaum etwas übrigbleibt, so spricht dies wiederum nicht gegen den Sinn und die kommerzielle Vernunft der Hilfe; es spricht vielmehr gegen die betreffenden Geschäfte und deren kommerzielle Vernunft, falls allem Anschein zum Trotz über den heutigen Tag hinausgeblickt werden sollte. Eine Moral, die sich als Widersacher des Eigeninteresses aufbauen will, hat unter ihren Anhängern unbehaglich viel Wankelmut in Kauf zu nehmen, und in den Länder der Dritten Welt wäre es unklug, die Hoffnungen auf Entwicklung auf einen Vormarsch des Altruismus in den Industriestaaten zu gründen. Diese ihrerseits hätten in einer sinnvollen Hilfe ihre Eigeninteressen nicht ausser Kraft zu setzen, sondern nur etwas zielbewusster in beidseits nutzbringende Bahnen zu lenken. Ein Industrieller, dessen Produkte Märkte einbüssen, hat umzusatteln. Entsprechende Lernschritte wären im Austausch zwischen Nord und Süd auf die Tagesordnung zu bringen. Insofern bleibt zu betonen, dass an der Hilfe das wichtigste ihre Konditionen sind, womit allerdings nicht nur der Führungsstil des Regimes im Empfängerland, sondern nicht weniger die Politik seiner so hochentwickelten Geschäftspartner in Frage steht.

Der «Economist» verweist auf Zahlen, wonach arme Länder mit grossem Rüstungsbudget pro Kopf der Bevölkerung doppelt soviel öffentliche Hilfe erhalten wie Staaten, die diesen Posten gering halten. Das Gegenteil wäre die bessere Voraussetzung für Entwicklungshilfe. Es ist dies vielleicht die Stelle, um anzumerken, dass von Bestrafung destruktiver Regime durch Entzug der Hilfe nur soweit Wirkung zu erwarten ist, als für eine konstruktive Alternativen Belohnung in Aussicht steht, was leider kaum der Fall ist. Von den Waffenlieferungen an dieselben Länder stammen etwa 85 Prozent von den fünf ständigen Mitgliedern des Uno-Sicherheitsrates, von dem vor kurzem die Doktrin erging, dass die Aufgaben des peacekeeping nach Möglichkeit von Staaten der betroffenen Region zu übernehmen seien. Doch was für das Drogengeschäft gilt: dass es unter anderem auch in den Produzentenländern bekämpft werden soll, hätte auch für das Rüstungsgeschäft zu gelten. Vielleicht ist der Schwarze Kontinent nach drei Jahrzehnten Unabhängigkeit so weit heruntergewirtschaftet, dass viele seiner Länder jede Relevanz als Geschäftspartner verloren haben. Der Kontinent wird jedoch genügend Vitalität behalten, um dem reichen Norden anderweitig – Stichwort Migration – Probleme zu bereiten, angesichts welcher den verpassten Chancen vorbeugender Hilfe noch bittere Tränen nachgeweint werden könnten.

Angola ist recht fern. Alimentiert wird sein Bürgerkriegsdelirium mit Erdöl und Diamanten, welche gutenteils westliche Märkte erreichen. Nigerias Militärregime unter Sani Abacha, welches in ganz Westafrika den Takt vorgibt, lebt von westlichen Ölgesellschaften – die freiheitliche Alternativen gewiss vorzögen, solche Fragen aber nicht zu ihren Prioritäten zählen. Nigerianische Bürgerrechtskämpfer wie Wole Soyinka oder Beko Kuti sind soweit, dass sie in einer Behandlung, wie sie Saddam Hussein und dem Irak zuteil geworden ist, den einzigen Ausweg sehen. Von Rwandas Massenmord ist zu sagen, dass die französische Militärkooperation entschieden mehr zu seiner Ermöglichung als zu seiner Verhinderung beigetragen hat. Es gehört zur Kehrseite desselben Wahnsinns, wenn die Folgen einer derartigen Panne westlicher Politik nun mancherorts Zweifel am Sinn der Hilfe gefördert haben.

«Das Beste, was wir für die verschuldeten und die unterentwickelten Länder tun können, ist unsere eigenen Vorstellung davon zu klären, was nötig wäre, damit Entwicklungsanstrengungen Erfolg haben könnten.» Diese Art Neubeginn empfahl nicht ein engagiertes Plädoyer für die späte Entwicklung von etwas mehr Altruismus beim Geber, sondern ein Leitartikel des «Wall Street Journal», datiert vom 28. Juni 1985. Waren in den vergangenen zehn Jahren in dieser Richtung Regungen zu verzeichnen? Was die Geberstaaten betrifft, so ist unter deren Angehörigen in Afrika wenig davon zu spüren. Setzt man sich in Rwanda zwischen Vertretern von Hilfsorganisationen, Diplomaten und Journalisten an den Mittagstisch, dann hat zunächst die obligate Diskussion über die Ursachen des Genozids unumgänglich kontrovers zu verlaufen. Unumgänglich geht sie über in die Debatte um Afrika und die Hilfe. Nun mengen sich sämtliche Fragen ineinander – Hungerhilfe und europäischer Agrarprotektionismus, Exportrisikogarantie und Analphabetismus, peacekeeping und die Asylproblematik ... In ihrer gequälten Originalität überbieten sich die Bonmots, die sich in eines zusammenfassen: «Wäre es nicht besser, aus tief und langsam fliegenden Frachtmaschinen gleichmässig Eindollarnoten über den Kontinent auszustreuen?» Durch den ausgelaugten Geist solcher Runden kreist Tag für Tag derselbe kollektive Schluckauf.

Nairobi, April 1995

Editorische Nachbemerkung

In ihrer ganz unterschiedlichen Aufmachung, teils ganz ohne sachlichen Zusammenhang, gleichen die Stücke dieser Sammlung auf den ersten Blick Irrlichtern, die zwischen Nilmündung und Kivusee, zwischen Sambesi und Freetowns Peninsula Mountains hin und herspringen. Was sie zusammenbrachte, war dennoch nicht allein der zufällige, sechsjährige Aufenthalt des Autors auf dem afrikanischen Kontinent. Es war eine ihnen gemeinsame Idee. Am Anfang stand ein Schrecken, der mich vor einigen Jahren in Kairo mit dem Auftrag ereilte, die Stadt für «Geo» zu portraitieren. In dieser einschüchternden Lage war es zunächst ein Behelf und erwies sich erst in der Ausführung als gangbarer Weg, einen fiktiven Gast beizuziehen. Dieser Begleiter kehrte nach seinem ersten Besuch wieder – als der Leitfaden einer teilnehmenden Lektüre, welcher das journalistische Produkt möglichst lückenlos die eigene Entstehung vor Augen führt.

Es versteht sich von selber, dass ein solches Prinzip nur zum fortgesetzten Verstoss gegen sich selber anleiten kann, im besten Fall zu einem Spiel, das mit der stets eingeschränkten Geltung und Fassbarkeit seiner Regeln dem Leser die Diskrepanz zwischen seiner und der Perspektive des Berichterstatters deutlicher vor Augen bringen kann. Weiter mag man in dem Prinzip einen Gemeinplatz vermuten und die Frage stellen, ob und weshalb eine so lapidare Massregel eigens statuiert zu werden verdiene. Jeder anständige Zeitungsbericht legt, wenn er kann, seine Quellen offen. Der obligate Verweis auf sie führt allerdings noch nicht zu ihnen hin, und ebensowenig dokumentiert er die Prozeduren zur Öffnung der Quelle. Wer sich in der Presse umschaut, kann nicht sagen, der Reporter reise üblicherweise im Beisein des Lesers.

Seit jenem ersten Besucher in Kairo überraschte mich der besagte Leitfaden immer wieder durch seine Elastizität. Das Gewerbe der Beschaffung und Aufbereitung von Information besteht in den meisten Bereichen zu neun Zehnteln aus dem Erwerb und der Pflege von Vorwissen, und dies nicht nur was die sachlichen Elemente einer Geschichte, sondern bereits was die praktischen Fragen der Zugänglichkeit ihrer Schauplätze und Akteure, ihrer Vorgeschichte und der darüber bereits vorhandenen Information betrifft. Gewiss soll der teilnehmende Leser, wie man sagt, mit dabei sein, in den Peninsula Mountains im Wagen und auf dem Kivusee im Schiff sitzen. Er soll den Reporter auch an seinem Sitz in Nairobi besuchen und sich dort durch zwei kleine Komplikationen des Alltags schlagen. In Äthiopien wird er nicht nur in diesen Himmel Afrikas schauen, sondern auch in Bücher, die ihm von den darin nicht sogleich sichtbaren Heerscharen ein Bild geben wollen. Er soll Gelegenheit haben, sich auf die Reise mitvorzubereiten, sich mitzubilden, mitzulesen, mitzudenken. Dem Leser soll sichtbar sein, woher alles kommt, und wenn es für einmal nur die Auseinandersetzung des gemeinen Menschenverstands mit sich selber ist.

Auch auf dieser Reporterspur durch Afrika blieb die Sammlung eine von Nachrichten, von Produkten journalistischer Arbeit. Die Reportage «Kairo. Myriaden von Dörfern» erschien, wie erwähnt, in «Geo». 16 weitere von den 22 Stücken dieses Bandes konnten auf einer Zeitungspresse gedruckt werden, zu verdanken der aufgeschlossenen Redaktion der «Neuen Zürcher Zeitung». Ihr sind freilich die Grenzen einer Tageszeitung gesetzt. «Kenyanische Nachbarschaft» wurde abgedruckt in den «Etudes germano-afriquaines», Nr. 12–13, (Sonderband

Schweiz-Afrika). Die übrigen vier Stücke sind Erstveröffentlichungen, drei allein schon aus dem Grund, weil die deutschsprachige Publizistik der Reportage ein Fortleben allenfalls auf Schwundstufen gewährt. Anders als im angelsächsischen Raum ist auf dem Alten Kontinent von «New Journalism» wenig zu entdecken, während zugleich die Tradition des klassischen Journalismus schon längere Zeit eine wachsende Zahl ihrer Stämme und Zweige verwaist findet. Den Donquichotterien der Fortsetzer bleibt nur der Buchladen.

Diese geklärte Ausgangslage könnte den Journalismus, ausgesperrt aus den angestammten Organen, zu Experimenten ermutigen, welchen die Ersatzräume zwischen Buchdeckeln Freiheiten bieten. Beim Essay handelte es sich früher weniger als heute um ein stilbewusstes Vorlesungsmanuskript oder um einen charmant aufgesetzten Traktat. Noch mehr als der Essay wusste die Reportage sich stets erzählenden Formen verpflichtet. Das Feuilleton war einst gerne auch ein Artikel über die Aussenwelt, und dies ebensosehr in leichterer, unterhaltender wie in solide abhandelnder und belehrender Absicht. Im Buchdruck kann auch das Feuilleton wieder etwas leichter hinausfinden aus dem Innenraum der – in der Sache ganz akademisch inspirierten – Sekundärbelletristik, dieser mehr oder eher weniger extravertierten Wiederaufbereitung von Theorie, womit heute das Feuilleton als gleichnamiges Ressort seinem Informationsauftrag nachzukommen sucht. Die vollends trockene Tagesmeldung schliesslich könnte durchaus ein Schnittmuster der Glosse abgeben.

Die Klage über das journalistische Artensterben muss mit den versunkenen, goldenen Zeiten Argwohn heraufbeschwören. Es handelt sich bei solchen Bedenken um einen Reflex, angebracht unter sachlichen Gesichtspunkten sind sie nicht. Eine rückwärtsgewandte Suche hätte vielleicht die geringsten Aussichten, ein zeitgenössisches Printmedium in ein Antiquariat zu verwandeln. Beim zeitgemässen Tempo des Nachrichtenflusses ist alles längst zu lange her und das Gedächtnis angesichts der wachsenden Mengen schwach. Das Älteste steht bekanntlich in der Zeitung von heute früh, und wenn unfehlbar so uralt ist, was neu sein will, dann könnte das dazu anstiften, den Willen zur Neuheit für einige Augenblicke zu lockern. Die Suche nach anderen Wegen endet nicht einmal im Journalismus notwendig beim Denkmalschutz; womöglich steht der Sinn bloss nach etwas Abwechslung. Oder sind es doch unumstösslich die Ereignisse selber, die in der Zeitung einander so unverwechselbar gleichen? So dass in jedem Fall, trotz allem und jenseits aller Erwartung doch das Erwartete herauskommt? Der Beweis dafür, den die Medien so extensiv zu führen gewillt scheinen, ist unabschliessbar und sein Ende nicht abzuwarten.

Zürich, Juli 1995